PERSA

VOCABULÁRIO

PALAVRAS MAIS ÚTEIS

PORTUGUÊS PERSA

Para alargar o seu léxico e apurar
as suas competências linguísticas

7000 palavras

Vocabulário Português-Persa - 7000 palavras

Por Andrey Taranov

Os vocabulários da T&P Books destinam-se a ajudar a aprender, a memorizar, e a rever palavras estrangeiras. O dicionário é dividido em temas, cobrindo todas as principais esferas de atividades quotidianas, negócios, ciência, cultura, etc.

O processo de aprendizagem, utilizando os dicionários baseados em temáticas da T&P Books dá-lhe as seguintes vantagens:

- Informação de origem corretamente agrupada predetermina o sucesso em fases subsequentes da memorização de palavras
- Disponibilização de palavras derivadas da mesma raiz, o que permite a memorização de unidades de texto (em vez de palavras separadas)
- Pequenas unidades de palavras facilitam o processo de estabelecimento de vínculos associativos necessários para a consolidação do vocabulário
- O nível de conhecimento da língua pode ser estimado pelo número de palavras aprendidas

T&P Books Publishing
www.tpbooks.com

ISBN: 978-1-78716-773-5

Este livro também está disponível em formato E-book.
Por favor visite www.tpbooks.com ou as principais livrarias on-line.

VOCABULÁRIO PERSA
palavras mais úteis

Os vocabulários da T&P Books destinam-se a ajudar a aprender, a memorizar, e a rever palavras estrangeiras. O vocabulário contém mais de 7000 palavras de uso comum organizadas tematicamente.

O vocabulário contém as palavras mais comummente usadas
Recomendado como adicional para qualquer curso de línguas
Satisfaz as necessidades dos iniciados e dos alunos avançados de línguas estrangeiras
Conveniente para o uso diário, sessões de revisão e atividades de auto-teste
Permite avaliar o seu vocabulário

Características especias do vocabulário

· As palavras estão organizadas de acordo com o seu significado, e não por ordem alfabética
· As palavras são apresentadas em três colunas para facilitar os processos de revisão e auto-teste
· As palavras compostas são divididas em pequenos blocos para facilitar o processo de aprendizagem
· O vocabulário oferece uma transcrição simples e adequada de cada palavra estrangeira

O vocabulário contém 198 tópicos incluindo:

Conceitos básicos, Números, Cores, Meses, Estações do ano, Unidades de medida, Roupas & Acessórios, Alimentos & Nutrição, Restaurante, Membros da Família, Parentes, Caráter, Sentimentos, Emoções, Doenças, Cidade, Passeios, Compras, Dinheiro, Casa, Lar, Escritório, Trabalho no Escritório, Importação & Exportação, Marketing, Pesquisa de Emprego, Desportos, Educação, Computador, Internet, Ferramentas, Natureza, Países, Nacionalidades e muito mais ...

TABELA DE CONTEÚDOS

GUIA DE PRONUNCIAÇÃO

Alfabeto fonético T&P	Exemplo Persa	Exemplo Português
['] (ayn)	[da'vā] دعوا	fricativa faríngea sonora
['] (hamza)	[ta'id] تایید	oclusiva glotal
[a]	[ravad] رود	chamar
[ā]	[ātaš] آتش	rapaz
[b]	[bānk] بانک	barril
[č]	[čand] چند	Tchau!
[d]	[haštād] هشتاد	dentista
[e]	[ešq] عشق	metal
[f]	[fandak] فندک	safári
[g]	[logo] لوگو	gosto
[h]	[giyāh] گیاه	[h] aspirada
[i]	[jazire] جزیره	sinónimo
[j]	[jašn] جشن	adjetivo
[k]	[kāj] کاج	kiwi
[l]	[limu] لیمو	libra
[m]	[mājarā] ماجرا	magnólia
[n]	[norvež] نروژ	natureza
[o]	[golf] گلف	lobo
[p]	[operā] اپرا	presente
[q]	[lāqar] لاغر	agora
[r]	[raqam] رقم	riscar
[s]	[sup] سوپ	sanita
[š]	[duš] دوش	mês
[t]	[tarjome] ترجمه	tulipa
[u]	[niru] نیرو	bonita
[v]	[varšow] ورشو	fava
[w]	[rowšan] روشن	página web
[x]	[kāx] کاخ	fricativa uvular surda
[y]	[biyābān] بیابان	géiser
[z]	[zanjir] زنجیر	sésamo
[ž]	[žuan] ژوئن	talvez

ABREVIATURAS
usadas no vocabulário

Abreviaturas do Português

adj	-	adjetivo
adv	-	advérbio
anim.	-	animado
conj.	-	conjunção
desp.	-	desporto
etc.	-	etecetra
ex.	-	por exemplo
f	-	nome feminino
f pl	-	feminino plural
fem.	-	feminino
inanim.	-	inanimado
m	-	nome masculino
m pl	-	masculino plural
m, f	-	masculino, feminino
masc.	-	masculino
mat.	-	matemática
mil.	-	militar
pl	-	plural
prep.	-	preposição
pron.	-	pronome
sb.	-	sobre
sing.	-	singular
v aux	-	verbo auxiliar
vi	-	verbo intransitivo
vi, vt	-	verbo intransitivo, transitivo
vr	-	verbo reflexivo
vt	-	verbo transitivo

CONCEITOS BÁSICOS

Conceitos básicos. Parte 1

1. Pronomes

eu	man	من
tu	to	تو
ele, ela	u	او

nós	mā	ما
vocês	šomā	شما
eles, elas	ān-hā	آنها

2. Cumprimentos. Saudações. Despedidas

Bom dia! (formal)	salām	سلام
Bom dia! (de manhã)	sobh bexeyr	صبح بخیر
Boa tarde!	ruz bexeyr!	روز بخیر!
Boa noite!	asr bexeyr	عصربخیر

cumprimentar (vt)	salām kardan	سلام کردن
Olá!	salām	سلام
saudação (f)	salām	سلام
saudar (vt)	salām kardan	سلام کردن
Como vai?	haletān četowr ast?	حالتان چطور است؟
Como vais?	četorid?	چطورید؟
O que há de novo?	če xabar?	چه خبر؟

Adeus! (formal)	xodāhāfez	خداحافظ
Até à vista! (informal)	bāy bāy	بای بای
Até breve!	be omid-e didār!	به امید دیدار!
Adeus!	xodāhāfez!	خداحافظ!
despedir-se (vr)	xodāhāfezi kardan	خداحافظی کردن
Até logo!	tā bezudi!	تا بزودی!

Obrigado! -a!	motešakker-am!	متشکرم!
Muito obrigado! -a!	besyār motešakker-am!	بسیار متشکرم!
De nada	xāheš mikonam	خواهش می کنم
Não tem de quê	tašakkor lāzem nist	تشکر لازم نیست
De nada	qābel-i nadārad	قابلی ندارد

Desculpa!	bebaxšid!	ببخشید!
desculpar (vt)	baxšidan	بخشیدن

desculpar-se (vr)	ozr xāstan	عذر خواستن
As minhas desculpas	ozr mixāham	عذرمی خواهم

Desculpe!	bebaxšid!	ببخشید!
perdoar (vt)	baxšidan	بخشیدن
Não faz mal	mohem nist	مهم نیست
por favor	lotfan	لطفأ

Não se esqueça!	farāmuš nakonid!	فراموش نکنید!
Certamente! Claro!	albate!	البته!
Claro que não!	albate ke neh!	البته که نه!
Está bem! De acordo!	besyār xob!	بسیارخوب!
Basta!	bas ast!	بس است!

3. Números cardinais. Parte 1

zero	sefr	صفر
um	yek	یک
dois	do	دو
três	se	سه
quatro	čāhār	چهار

cinco	panj	پنج
seis	šeš	شش
sete	haft	هفت
oito	hašt	هشت
nove	neh	نه

dez	dah	ده
onze	yāzdah	یازده
doze	davāzdah	دوازده
treze	sizdah	سیزده
catorze	čāhārdah	چهارده

quinze	pānzdah	پانزده
dezasseis	šānzdah	شانزده
dezassete	hefdah	هفده
dezoito	hijdah	هیجده
dezanove	nuzdah	نوزده

vinte	bist	بیست
vinte e um	bist-o yek	بیست ویک
vinte e dois	bist-o do	بیست ودو
vinte e três	bist-o se	بیست وسه

trinta	si	سی
trinta e um	si-yo yek	سی ویک
trinta e dois	si-yo do	سی ودو
trinta e três	si-yo se	سی وسه

quarenta	čehel	چهل
quarenta e um	čehel-o yek	چهل ویک
quarenta e dois	čehel-o do	چهل ودو
quarenta e três	čehel-o se	چهل وسه

| cinquenta | panjāh | پنجاه |
| cinquenta e um | panjāh-o yek | پنجاه ویک |

cinquenta e dois	panjāh-o do	پنجاه ودو
cinquenta e três	panjāh-o se	پنجاه وسه
sessenta	šast	شصت
sessenta e um	šast-o yek	شصت ویک
sessenta e dois	šast-o do	شصت ودو
sessenta e três	šast-o se	شصت وسه
setenta	haftād	هفتاد
setenta e um	haftād-o yek	هفتاد ویک
setenta e dois	haftād-o do	هفتاد ودو
setenta e três	haftād-o se	هفتاد وسه
oitenta	haštād	هشتاد
oitenta e um	haštād-o yek	هشتاد ویک
oitenta e dois	haštād-o do	هشتاد ودو
oitenta e três	haštād-o se	هشتاد وسه
noventa	navad	نود
noventa e um	navad-o yek	نود ویک
noventa e dois	navad-o do	نود ودو
noventa e três	navad-o se	نود وسه

4. Números cardinais. Parte 2

cem	sad	صد
duzentos	devist	دویست
trezentos	sisad	سیصد
quatrocentos	čāhārsad	چهارصد
quinhentos	pānsad	پانصد
seiscentos	šešsad	ششصد
setecentos	haftsad	هفتصد
oitocentos	haštsad	هشتصد
novecentos	nohsad	نهصد
mil	hezār	هزار
dois mil	dohezār	دوهزار
De quem são ...?	se hezār	سه هزار
dez mil	dah hezār	ده هزار
cem mil	sad hezār	صد هزار
um milhão	milyun	میلیون
mil milhões	milyārd	میلیارد

5. Números. Frações

fração (f)	kasr	کسر
um meio	yek dovvom	یک دوم
um terço	yek sevvom	یک سوم
um quarto	yek čāhārom	یک چهارم
um oitavo	yek panjom	یک هشتم
um décimo	yek dahom	یک دهم

| dois terços | do sevvom | دو سوم |
| três quartos | se čāhārrom | سه چهارم |

6. Números. Operações básicas

subtração (f)	tafriq	تفریق
subtrair (vi, vt)	tafriq kardan	تفریق کردن
divisão (f)	taqsim	تقسیم
dividir (vt)	taqsim kardan	تقسیم کردن

adição (f)	jamʿ	جمع
somar (vt)	jamʾ kardan	جمع کردن
adicionar (vt)	ezāfe kardan	اضافه کردن
multiplicação (f)	zarb	ضرب
multiplicar (vt)	zarb kardan	ضرب کردن

7. Números. Diversos

algarismo, dígito (m)	raqam	رقم
número (m)	adad	عدد
numeral (m)	adadi	عددی
menos (m)	manfi	منفی
mais (m)	mosbat	مثبت
fórmula (f)	formul	فرمول

cálculo (m)	mohāsebe	محاسبه
contar (vt)	šemordan	شمردن
calcular (vt)	mohāsebe kardan	محاسبه کردن
comparar (vt)	moqāyse kardan	مقایسه کردن

Quanto, -os, -as?	čeqadr?	چقدر؟
soma (f)	jamʿ-e kol	جمع کل
resultado (m)	natije	نتیجه
resto (m)	bāqimānde	باقیمانده

alguns, algumas ...	čand	چند
um pouco de ...	kami	کمی
resto (m)	baqiye	بقیه
um e meio	yek-o nim	یک و نیم
dúzia (f)	dojin	دوجین

ao meio	be do qesmat	به دو قسمت
em partes iguais	be tāsavi	به تساوی
metade (f)	nim	نیم
vez (f)	dafʿe	دفعه

8. Os verbos mais importantes. Parte 1

| abrir (vt) | bāz kardan | باز کردن |
| acabar, terminar (vt) | be pāyān resāndan | به پایان رساندن |

aconselhar (vt)	nasihat kardan	نصیحت کردن
adivinhar (vt)	hads zadan	حدس زدن
advertir (vt)	hošdār dādan	هشدار دادن

ajudar (vt)	komak kardan	کمک کردن
almoçar (vi)	nāhār xordan	ناهار خوردن
alugar (~ um apartamento)	ejāre kardan	اجاره کردن
amar (vt)	dust dāštan	دوست داشتن
ameaçar (vt)	tahdid kardan	تهدید کردن

anotar (escrever)	neveštan	نوشتن
apanhar (vt)	gereftan	گرفتن
apressar-se (vr)	ajale kardan	عجله کردن
arrepender-se (vr)	afsus xordan	افسوس خوردن
assinar (vt)	emzā kardan	امضا کردن

atirar, disparar (vi)	tirandāzi kardan	تیراندازی کردن
brincar (vi)	šuxi kardan	شوخی کردن
brincar, jogar (crianças)	bāzi kardan	بازی کردن
buscar (vt)	jostoju kardan	جستجو کردن
caçar (vi)	šekār kardan	شکار کردن

cair (vi)	oftādan	افتادن
cavar (vt)	kandan	کندن
cessar (vt)	bas kardan	بس کردن
chamar (~ por socorro)	komak xāstan	کمک خواستن
chegar (vi)	residan	رسیدن
chorar (vi)	gerye kardan	گریه کردن

começar (vt)	šoru' kardan	شروع کردن
comparar (vt)	moqāyse kardan	مقایسه کردن
compreender (vt)	fahmidan	فهمیدن
concordar (vi)	movāfeqat kardan	موافقت کردن
confiar (vt)	etminān kardan	اطمینان کردن

confundir (equivocar-se)	qāti kardan	قاطی کردن
conhecer (vt)	šenāxtan	شناختن
contar (fazer contas)	šemordan	شمردن
contar com (esperar)	hesāb kardan	حساب کردن
continuar (vt)	edāme dādan	ادامه دادن

controlar (vt)	kontorol kardan	کنترل کردن
convidar (vt)	da'vat kardan	دعوت کردن
correr (vi)	davidan	دویدن
criar (vt)	ijād kardan	ایجاد کردن
custar (vt)	qeymat dāštan	قیمت داشتن

9. Os verbos mais importantes. Parte 2

dar (vt)	dādan	دادن
dar uma dica	sarnax dādan	سرنخ دادن
decorar (enfeitar)	tazyin kardan	تزیین کردن
defender (vt)	defā' kardan	دفاع کردن
deixar cair (vt)	andāxtan	انداختن

descer (para baixo)	pāyin āmadan	پایین آمدن
desculpar (vt)	baxšidan	بخشیدن
desculpar-se (vr)	ozr xāstan	عذر خواستن
dirigir (~ uma empresa)	edāre kardan	اداره کردن
discutir (notícias, etc.)	bahs kardan	بحث کردن
dizer (vt)	goftan	گفتن

duvidar (vt)	šok dāštan	شک داشتن
enganar (vt)	farib dādan	فریب دادن
entrar (na sala, etc.)	vāred šodan	وارد شدن
enviar (uma carta)	ferestādan	فرستادن

errar (equivocar-se)	eštebāh kardan	اشتباه کردن
escolher (vt)	entexāb kardan	انتخاب کردن
esconder (vt)	penhān kardan	پنهان کردن
escrever (vt)	neveštan	نوشتن
esperar (o autocarro, etc.)	montazer budan	منتظر بودن

esperar (ter esperança)	omid dāštan	امید داشتن
esquecer (vt)	farāmuš kardan	فراموش کردن
estudar (vt)	dars xāndan	درس خواندن
exigir (vt)	darxāst kardan	درخواست کردن
existir (vi)	vojud dāštan	وجود داشتن

explicar (vt)	touzih dādan	توضیح دادن
falar (vi)	harf zadan	حرف زدن
faltar (clases, etc.)	qāyeb budan	غایب بودن
fazer (vt)	anjām dādan	انجام دادن
ficar em silêncio	sāket māndan	ساکت ماندن
gabar-se, jactar-se (vr)	be rox kešidan	به رخ کشیدن

gostar (apreciar)	dust dāštan	دوست داشتن
gritar (vi)	faryād zadan	فریاد زدن
guardar (cartas, etc.)	hefz kardan	حفظ کردن
informar (vt)	āgah kardan	آگاه کردن
insistir (vi)	esrār kardan	اصرار کردن

insultar (vt)	towhin kardan	توهین کردن
interessar-se (vr)	alāqe dāštan	علاقه داشتن
ir (a pé)	raftan	رفتن
ir nadar	ābtani kardan	آبتنی کردن
jantar (vi)	šām xordan	شام خوردن

10. Os verbos mais importantes. Parte 3

ler (vt)	xāndan	خواندن
libertar (cidade, etc.)	āzād kardan	آزاد کردن
matar (vt)	koštan	کشتن
mencionar (vt)	zekr kardan	ذکر کردن
mostrar (vt)	nešān dādan	نشان دادن

mudar (modificar)	avaz kardan	عوض کردن
nadar (vi)	šenā kardan	شنا کردن
negar-se a ...	rad kardan	رد کردن

objetar (vt)	moxalefat kardan	مخالفت کردن
observar (vt)	mošāhede kardan	مشاهده کردن
ordenar (mil.)	farmān dādan	فرمان دادن
ouvir (vt)	šenidan	شنیدن
pagar (vt)	pardāxtan	پرداختن
parar (vi)	motevaghef šhodan	متوقف شدن

participar (vi)	šerekat kardan	شرکت کردن
pedir (comida)	sefāreš dādan	سفارش دادن
pedir (um favor, etc.)	xāstan	خواستن
pegar (tomar)	bardāštan	برداشتن
pensar (vt)	fekr kardan	فکر کردن

perceber (ver)	motevajjeh šodan	متوجه شدن
perdoar (vt)	baxšidan	بخشیدن
perguntar (vt)	porsidan	پرسیدن
permitir (vt)	ejāze dādan	اجازه دادن
pertencer a …	ta'alloq dāštan	تعلق داشتن

planear (vt)	barnāmerizi kardan	برنامه ریزی کردن
poder (vi)	tavānestan	توانستن
possuir (vt)	sāheb budan	صاحب بودن
preferir (vt)	tarjih dādan	ترجیح دادن
preparar (vt)	poxtan	پختن

prever (vt)	pišbini kardan	پیش بینی کردن
prometer (vt)	qowl dādan	قول دادن
pronunciar (vt)	talaffoz kardan	تلفظ کردن
propor (vt)	pišnahād dādan	پیشنهاد دادن
punir (castigar)	tanbih kardan	تنبیه کردن

11. Os verbos mais importantes. Parte 4

quebrar (vt)	šekastan	شکستن
queixar-se (vr)	šekāyat kardan	شکایت کردن
querer (desejar)	xāstan	خواستن
recomendar (vt)	towsie kardan	توصیه کردن
repetir (dizer outra vez)	tekrār kardan	تکرار کردن

repreender (vt)	da'vā kardan	دعوا کردن
reservar (~ um quarto)	rezerv kardan	رزرو کردن
responder (vt)	javāb dādan	جواب دادن
rezar, orar (vi)	do'ā kardan	دعا کردن
rir (vi)	xandidan	خندیدن

roubar (vt)	dozdidan	دزدیدن
saber (vt)	dānestan	دانستن
sair (~ de casa)	birun raftan	بیرون رفتن
salvar (vt)	najāt dādan	نجات دادن
seguir …	donbāl kardan	دنبال کردن

sentar-se (vr)	nešastan	نشستن
ser necessário	hāmi budan	حامی بودن
ser, estar	budan	بودن

significar (vt)	ma'ni dāštan	معنی داشتن
sorrir (vi)	labxand zadan	لبخند زدن
subestimar (vt)	dast-e kam gereftan	دست کم گرفتن
surpreender-se (vr)	mote'ajjeb šodan	متعجب شدن
tentar (vt)	talāš kardan	تلاش کردن

ter (vt)	dāštan	داشتن
ter fome	gorosne budan	گرسنه بودن
ter medo	tarsidan	ترسیدن
ter sede	tešne budan	تشنه بودن

tocar (com as mãos)	lams kardan	لمس کردن
tomar o pequeno-almoço	sobhāne xordan	صبحانه خوردن
trabalhar (vi)	kār kardan	کار کردن
traduzir (vt)	tarjome kardan	ترجمه کردن
unir (vt)	mottahed kardan	متحد کردن

vender (vt)	foruxtan	فروختن
ver (vt)	didan	دیدن
virar (ex. ~ à direita)	pičidan	پیچیدن
voar (vi)	parvāz kardan	پرواز کردن

12. Cores

cor (f)	rang	رنگ
matiz (m)	teyf-e rang	طیف رنگ
tom (m)	rangmaye	رنگمایه
arco-iris (m)	rangin kamān	رنگین کمان

branco	sefid	سفید
preto	siyāh	سیاه
cinzento	xākestari	خاکستری

verde	sabz	سبز
amarelo	zard	زرد
vermelho	sorx	سرخ

azul	abi	آبی
azul claro	ābi rowšan	آبی روشن
rosa	surati	صورتی
laranja	nārenji	نارنجی
violeta	banafš	بنفش
castanho	qahve i	قهوه ای

| dourado | talāyi | طلایی |
| prateado | noqre i | نقره ای |

bege	baž	بژ
creme	kerem	کرم
turquesa	firuze i	فیروزه ای
vermelho cereja	ālbāluyi	آلبالویی
lilás	banafš yasi	بنفش یاسی
carmesim	zereški	زرشکی
claro	rowšan	روشن

| escuro | tire | تیره |
| vivo | rowšan | روشن |

de cor	rangi	رنگی
a cores	rangi	رنگی
preto e branco	siyāh-o sefid	سیاه و سفید
unicolor	yek rang	یک رنگ
multicor	rangārang	رنگارنگ

13. Questões

Quem?	če kas-i?	چه کسی؟
Que?	če čiz-i?	چه چیزی؟
Onde?	kojā?	کجا؟
Para onde?	kojā?	کجا؟
De onde?	az kojā?	از کجا؟
Quando?	če vaqt?	چه وقت؟
Para quê?	čerā?	چرا؟
Porquê?	čerā?	چرا؟

Para quê?	barā-ye če?	برای چه؟
Como?	četor?	چطور؟
Qual?	kodām?	کدام؟
Qual? (entre dois ou mais)	kodām?	کدام؟

A quem?	barā-ye ki?	برای کی؟
Sobre quem?	dar bāre-ye ki?	درباره کی؟
Do quê?	darbāre-ye či?	درباره چی؟
Com quem?	bā ki?	با کی؟

| Quanto, -os, -as? | čeqadr? | چقدر؟ |
| De quem? | māl-e ki? | مال کی؟ |

14. Palavras funcionais. Advérbios. Parte 1

Onde?	kojā?	کجا؟
aqui	in jā	این جا
lá, ali	ānjā	آنجا

| em algum lugar | jā-yi | جایی |
| em lugar nenhum | hič kojā | هیچ کجا |

| ao pé de ... | nazdik | نزدیک |
| ao pé da janela | nazdik panjere | نزدیک پنجره |

Para onde?	kojā?	کجا؟
para cá	in jā	این جا
para lá	ānjā	آنجا
daqui	az injā	از اینجا
de lá, dali	az ānjā	از آنجا
perto	nazdik	نزدیک
longe	dur	دور

perto de ...	nazdik	نزدیک
ao lado de	nazdik	نزدیک
perto, não fica longe	nazdik	نزدیک

esquerdo	čap	چپ
à esquerda	dast-e čap	دست چپ
para esquerda	be čap	به چپ

direito	rāst	راست
à direita	dast-e rāst	دست راست
para direita	be rāst	به راست

à frente	jelo	جلو
da frente	jelo	جلو
em frente (para a frente)	jelo	جلو

atrás de ...	aqab	عقب
por detrás (vir ~)	az aqab	از عقب
para trás	aqab	عقب

| meio (m), metade (f) | vasat | وسط |
| no meio | dar vasat | در وسط |

de lado	pahlu	پهلو
em todo lugar	hame jā	همه جا
ao redor (olhar ~)	atrāf	اطراف

de dentro	az daxel	از داخل
para algum lugar	jā-yi	جایی
diretamente	mostaqim	مستقیم
de volta	aqab	عقب

| de algum lugar | az har jā | از هر جا |
| de um lugar | az yek jā-yi | از یک جایی |

em primeiro lugar	avvalan	اولاً
em segundo lugar	dumā	دوما
em terceiro lugar	sālesan	ثالثاً

de repente	nāgahān	ناگهان
no início	dar avval	در اول
pela primeira vez	barā-ye avvalin bār	برای اولین بار
muito antes de ...	xeyli vaqt piš	خیلی وقت پیش
de novo, novamente	az now	از نو
para sempre	barā-ye hamiše	برای همیشه

nunca	hič vaqt	هیچ وقت
de novo	dobāre	دوباره
agora	alān	الان
frequentemente	aqlab	اغلب
então	ān vaqt	آن وقت
urgentemente	foran	فوراً
usualmente	ma'mulan	معمولاً

| a propósito, ... | rāst-i | راستی |
| é possível | momken ast | ممکن است |

provavelmente	ehtemālan	احتمالاً
talvez	šāyad	شايد
além disso, ...	bealāve	بعلاوه
por isso ...	be hamin xāter	به همين خاطر
apesar de ...	alāraqm	عليرغم
graças a ...	be lotf	به لطف

que (pron.)	če?	چه؟
que (conj.)	ke	که
algo	yek čiz-i	یک چیزی
alguma coisa	yek kāri	یک کاری
nada	hič čiz	هیچ چیز

quem	ki	کی
alguém (~ teve uma ideia ...)	yek kas-i	یک کسی
alguém	yek kas-i	یک کسی

ninguém	hič kas	هیچ کس
para lugar nenhum	hič kojā	هیچ کجا
de ninguém	māl-e hičkas	مال هیچ کس
de alguém	har kas-i	هر کسی

tão	xeyli	خیلی
também (gostaria ~ de ...)	ham	هم
também (~ eu)	ham	هم

15. Palavras funcionais. Advérbios. Parte 2

Porquê?	čerā?	چرا؟
por alguma razão	be dalil-i	به دلیلی
porque ...	čon	چون
por qualquer razão	barā-ye maqsudi	برای مقصودی

e (tu ~ eu)	va	و
ou (ser ~ não ser)	yā	یا
mas (porém)	ammā	اما
para (~ a minha mãe)	barā-ye	برای

demasiado, muito	besyār	بسیار
só, somente	faqat	فقط
exatamente	daqiqan	دقیقا
cerca de (~ 10 kg)	taqriban	تقریباً

aproximadamente	taqriban	تقریباً
aproximado	taqribi	تقریبی
quase	taqriban	تقریباً
resto (m)	baqiye	بقیه

o outro (segundo)	digar	دیگر
outro	digar	دیگر
cada	har	هر
qualquer	har	هر
muito	ziyād	زیاد
muitas pessoas	besyāri	بسیاری

todos	hame	همه
em troca de ...	dar avaz	در عوض
em troca	dar barãbar	در برابر
à mão	dasti	دستی
pouco provável	baid ast	بعید است
provavelmente	ehtemãlan	احتمالاً
de propósito	amdan	عمداً
por acidente	tasãdofi	تصادفی
muito	besyãr	بسیار
por exemplo	masalan	مثلاً
entre	beyn	بین
entre (no meio de)	miyãn	میان
tanto	in qadr	این قدر
especialmente	maxsusan	مخصوصاً

Conceitos básicos. Parte 2

16. Opostos

rico	servatmand	ثروتمند
pobre	faqir	فقیر
doente	bimār	بیمار
são	sālem	سالم
grande	bozorg	بزرگ
pequeno	kučak	کوچک
rapidamente	sariʿ	سریع
lentamente	āheste	آهسته
rápido	sariʿ	سریع
lento	āheste	آهسته
alegre	xošhāl	خوشحال
triste	qamgin	غمگین
juntos	bāham	باهم
separadamente	jodāgāne	جداگانه
em voz alta (ler ~)	boland	بلند
para si (em silêncio)	be ārāmi	به آرامی
alto	boland	بلند
baixo	kutāh	کوتاه
profundo	amiq	عمیق
pouco fundo	sathi	سطحی
sim	bale	بله
não	neh	نه
distante (no espaço)	dur	دور
próximo	nazdik	نزدیک
longe	dur	دور
perto	nazdik	نزدیک
longo	derāz	دراز
curto	kutāh	کوتاه
bom, bondoso	mehrbān	مهربان
mau	badjens	بدجنس
casado	mote'ahhel	متاهل

solteiro	mojarrad	مجرد
proibir (vt)	mamnu' kardan	ممنوع کردن
permitir (vt)	ejāze dādan	اجازه دادن
fim (m)	pāyān	پایان
começo (m)	šoru'	شروع
esquerdo	čap	چپ
direito	rāst	راست
primeiro	avvalin	اولین
último	āxarin	آخرین
crime (m)	jenāyat	جنایت
castigo (m)	mojāzāt	مجازات
ordenar (vt)	farmān dādan	فرمان دادن
obedecer (vt)	etā'at kardan	اطاعت کردن
reto	mostaqim	مستقیم
curvo	monhani	منحنی
paraíso (m)	behešt	بهشت
inferno (m)	jahannam	جهنم
nascer (vi)	motevalled šodan	متولد شدن
morrer (vi)	mordan	مردن
forte	nirumand	نیرومند
fraco, débil	za'if	ضعیف
idoso	kohne	کهنه
jovem	javān	جوان
velho	qadimi	قدیمی
novo	jadid	جدید
duro	soft	سفت
mole	narm	نرم
tépido	garm	گرم
frio	sard	سرد
gordo	čāq	چاق
magro	lāqar	لاغر
estreito	bārik	باریک
largo	vasi'	وسیع
bom	xub	خوب
mau	bad	بد
valente	šojā'	شجاع
cobarde	tarsu	ترسو

25

17. Dias da semana

segunda-feira (f)	došanbe	دوشنبه
terça-feira (f)	se šanbe	سه شنبه
quarta-feira (f)	čāhāršanbe	چهارشنبه
quinta-feira (f)	panj šanbe	پنج شنبه
sexta-feira (f)	jom'e	جمعه
sábado (m)	šanbe	شنبه
domingo (m)	yek šanbe	یک شنبه

hoje	emruz	امروز
amanhã	fardā	فردا
depois de amanhã	pas fardā	پس فردا
ontem	diruz	دیروز
anteontem	pariruz	پریروز

dia (m)	ruz	روز
dia (m) de trabalho	ruz-e kāri	روز کاری
feriado (m)	ruz-e jašn	روز جشن
dia (m) de folga	ruz-e ta'til	روز تعطیل
fim (m) de semana	āxar-e hafte	آخر هفته

o dia todo	tamām-e ruz	تمام روز
no dia seguinte	ruz-e ba'd	روز بعد
há dois dias	do ruz-e piš	دو روز پیش
na véspera	ruz-e qabl	روز قبل
diário	ruzāne	روزانه
todos os dias	har ruz	هر روز

semana (f)	hafte	هفته
na semana passada	hafte-ye gozašte	هفته گذشته
na próxima semana	hafte-ye āyande	هفته آینده
semanal	haftegi	هفتگی
cada semana	har hafte	هر هفته
duas vezes por semana	do bār dar hafte	دو بار درهفته
cada terça-feira	har sešanbe	هر سه شنبه

18. Horas. Dia e noite

manhã (f)	sobh	صبح
de manhã	sobh	صبح
meio-dia (m)	zohr	ظهر
à tarde	ba'd az zohr	بعد ازظهر

noite (f)	asr	عصر
à noite (noitinha)	asr	عصر
noite (f)	šab	شب
à noite	šab	شب
meia-noite (f)	nesfe šab	نصفه شب

segundo (m)	sānie	ثانیه
minuto (m)	daqiqe	دقیقه
hora (f)	sā'at	ساعت

meia hora (f)	nim sā'at	نیم ساعت
quarto (m) de hora	yek rob'	یک ربع
quinze minutos	pānzdah daqiqe	پانزده دقیقه
vinte e quatro horas	šabāne ruz	شبانه روز

nascer (m) do sol	tolu-'e āftāb	طلوع آفتاب
amanhecer (m)	sahar	سحر
madrugada (f)	sobh-e zud	صبح زود
pôr do sol (m)	qorub	غروب

de madrugada	sobh-e zud	صبح زود
hoje de manhã	emruz sobh	امروز صبح
amanhã de manhã	fardā sobh	فردا صبح

hoje à tarde	emruz zohr	امروز ظهر
à tarde	ba'd az zohr	بعد ازظهر
amanhã à tarde	fardā ba'd az zohr	فردا بعد ازظهر

| hoje à noite | emšab | امشب |
| amanhã à noite | fardā šab | فردا شب |

às três horas em ponto	sar-e sā'at-e se	سر ساعت ۳
por volta das quatro	nazdik-e sā'at-e čāhār	نزدیک ساعت ۴
às doze	nazdik zohr	نزدیک ظهر

dentro de vinte minutos	bist daqiqe-ye digar	۲۰ دقیقه دیگر
dentro duma hora	yek sā'at-e digar	یک ساعت دیگر
a tempo	be moqe'	به موقع

menos um quarto	yek rob' be	یک ربع به
durante umá hora	yek sā'at-e digar	یک ساعت دیگر
a cada quinze minutos	har pānzdah daqiqe	هر ۵۱ دقیقه
as vinte e quatro horas	šabāne ruz	شبانه روز

19. Meses. Estações

janeiro (m)	žānvie	ژانویه
fevereiro (m)	fevriye	فوریه
março (m)	mārs	مارس
abril (m)	āvril	آوریل
maio (m)	meh	مه
junho (m)	žuan	ژوئن

julho (m)	žuiye	ژوئیه
agosto (m)	owt	اوت
setembro (m)	septāmbr	سپتامبر
outubro (m)	oktobr	اکتبر
novembro (m)	novāmbr	نوامبر
dezembro (m)	desāmr	دسامبر

primavera (f)	bahār	بهار
na primavera	dar bahār	در بهار
primaveril	bahāri	بهاری
verão (m)	tābestān	تابستان

| no verão | dar tābestān | در تابستان |
| de verão | tābestāni | تابستانی |

outono (m)	pāyiz	پاییز
no outono	dar pāyiz	در پاییز
outonal	pāyizi	پاییزی

inverno (m)	zemestān	زمستان
no inverno	dar zemestān	در زمستان
de inverno	zemestāni	زمستانی
mês (m)	māh	ماه
este mês	in māh	این ماه
no próximo mês	māh-e āyande	ماه آینده
no mês passado	māh-e gozašte	ماه گذشته

há um mês	yek māh qabl	یک ماه قبل
dentro de um mês	yek māh digar	یک ماه دیگر
dentro de dois meses	do māh-e digar	۲ماه دیگر
todo o mês	tamām-e māh	تمام ماه
um mês inteiro	tamām-e māh	تمام ماه

mensal	māhāne	ماهانه
mensalmente	māhāne	ماهانه
cada mês	har māh	هر ماه
duas vezes por mês	do bār dar māh	دو بار درماه

ano (m)	sāl	سال
este ano	emsāl	امسال
no próximo ano	sāl-e āyande	سال آینده
no ano passado	sāl-e gozašte	سال گذشته
há um ano	yek sāl qabl	یک سال قبل
dentro dum ano	yek sāl-e digar	یک سال دیگر
dentro de 2 anos	do sāl-e digar	۲سال دیگر
todo o ano	tamām-e sāl	تمام سال
um ano inteiro	tamām-e sāl	تمام سال

cada ano	har sāl	هر سال
anual	sālāne	سالانه
anualmente	sālāne	سالانه
quatro vezes por ano	čāhār bār dar sāl	چهار بار در سال

data (~ de hoje)	tārix	تاریخ
data (ex. ~ de nascimento)	tārix	تاریخ
calendário (m)	taqvim	تقویم

meio ano	nim sāl	نیم سال
seis meses	nim sāl	نیم سال
estação (f)	fasl	فصل
século (m)	qarn	قرن

20. Tempo. Diversos

| tempo (m) | zamān | زمان |
| momento (m) | lahze | لحظه |

instante (m)	lahze	لحظه
instantâneo	āni	آنی
lapso (m) de tempo	baxši az zamān	بخشی از زمان
vida (f)	zendegi	زندگی
eternidade (f)	abadiyat	ابدیت
época (f)	asr	عصر
era (f)	dowre	دوره
ciclo (m)	čarxe	چرخه
período (m)	dowre	دوره
prazo (m)	mohlat	مهلت
futuro (m)	āyande	آینده
futuro	āyande	آینده
da próxima vez	daf'e-ye ba'd	دفعه بعد
passado (m)	gozašte	گذشته
passado	gozašte	گذشته
na vez passada	daf'e-ye gozašte	دفعه گذشته
mais tarde	ba'dan	بعداً
depois	ba'd az	بعد از
atualmente	aknun	اکنون
agora	alān	الان
imediatamente	foran	فوراً
em breve, brevemente	be zudi	به زودی
de antemão	az qabl	از قبل
há muito tempo	moddathā piš	مدت ها پیش
há pouco tempo	axiran	اخیراً
destino (m)	sarnevešt	سرنوشت
recordações (f pl)	xāterāt	خاطرات
arquivo (m)	āršiv	آرشیو
durante ...	dar zamān	در زمان
durante muito tempo	tulāni	طولانی
pouco tempo	kutāh	گوتاه
cedo (levantar-se ~)	zud	زود
tarde (deitar-se ~)	dir	دیر
para sempre	barā-ye hamiše	برای همیشه
começar (vt)	šoru' kardan	شروع کردن
adiar (vt)	mowkul kardan	موکول کردن
simultaneamente	ham zamān	هم زمان
permanentemente	dāemi	دائمی
constante (ruído, etc.)	dāemi	دائمی
temporário	movaqqati	موقتی
às vezes	gāh-i	گاهی
raramente	be nodrat	به ندرت
frequentemente	aqlab	اغلب

21. Linhas e formas

quadrado (m)	morabba'	مربع
quadrado	morabba'	مربع

círculo (m)	dāyere	دايره
redondo	gard	گرد
triângulo (m)	mosallas	مثلث
triangular	mosallasi	مثلثى

oval (f)	beyzi	بيضى
oval	beyzi	بيضى
retângulo (m)	mostatil	مستطيل
retangular	mostatil	مستطيل

pirâmide (f)	heram	هرم
rombo, losango (m)	lowz-i	لوزى
trapézio (m)	zuzanaqe	ذوزنقه
cubo (m)	moka'ab	مكعب
prisma (m)	manšur	منشور

circunferência (f)	mohit-e monhani	محيط منحنى
esfera (f)	kare	كره
globo (m)	kare	كره
diâmetro (m)	qotr	قطر
raio (m)	šo'ā'	شعاع
perímetro (m)	mohit	محيط
centro (m)	markaz	مركز

horizontal	ofoqi	افقى
vertical	amudi	عمودى
paralela (f)	movāzi	موازى
paralelo	movāzi	موازى

linha (f)	xat	خط
traço (m)	xat	خط
reta (f)	xatt-e mostaqim	خط مستقيم
curva (f)	monhani	منحنى
fino (linha ~a)	nāzok	نازك
contorno (m)	borun namā	برون نما

interseção (f)	taqāto'	تقاطع
ângulo (m) reto	zāvie-ye qāem	زاويه قائم
segmento (m)	qet'e	قطعه
setor (m)	baxš	بخش
lado (de um triângulo, etc.)	taraf	طرف
ângulo (m)	zāvie	زاويه

22. Unidades de medida

peso (m)	vazn	وزن
comprimento (m)	tul	طول
largura (f)	arz	عرض
altura (f)	ertefā'	ارتفاع
profundidade (f)	omq	عمق
volume (m)	hajm	حجم
área (f)	masāhat	مساحت
grama (m)	garm	گرم
miligrama (m)	mili geram	ميلى گرم

quilograma (m)	kilugeram	کیلوگرم
tonelada (f)	ton	تن
libra (453,6 gramas)	pond	پوند
onça (f)	ons	اونس

metro (m)	metr	متر
milímetro (m)	mili metr	میلی متر
centímetro (m)	sãntimetr	سانتیمتر
quilómetro (m)	kilumetr	کیلومتر
milha (f)	mãyel	مایل

polegada (f)	inč	اینچ
pé (304,74 mm)	fowt	فوت
jarda (914,383 mm)	yãrd	یارد

metro (m) quadrado	metr morabbaʿ	متر مربع
hectare (m)	hektãr	هکتار

litro (m)	litr	لیتر
grau (m)	daraje	درجه
volt (m)	volt	ولت
ampere (m)	ãmper	آمپر
cavalo-vapor (m)	asb-e boxãr	اسب بخار

quantidade (f)	meqdãr	مقدار
um pouco de ...	kami	کمی
metade (f)	nim	نیم
dúzia (f)	dojin	دوجین
peça (f)	tã	تا

dimensão (f)	andãze	اندازه
escala (f)	meqyãs	مقیاس

mínimo	haddeaqal	حداقل
menor, mais pequeno	kučaktarin	کوچکترین
médio	motevasset	متوسط
máximo	haddeaksar	حداکثر
maior, mais grande	bištarin	بیشترین

23. Recipientes

boião (m) de vidro	šišeh konserv	شیشه کنسرو
lata (~ de cerveja)	quti	قوطی
balde (m)	satl	سطل
barril (m)	boške	بشکه

bacia (~ de plástico)	tašt	تشت
tanque (m)	maxzan	مخزن
cantil (m) de bolso	qomqome	قمقمه
bidão (m) de gasolina	dabbe	دبه
cisterna (f)	maxzan	مخزن

caneca (f)	livãn	لیوان
chávena (f)	fenjãn	فنجان

pires (m)	na'lbeki	نعلبکی
copo (m)	estekān	استکان
taça (f) de vinho	gilās-e šarāb	گیلاس شراب
panela, caçarola (f)	qāblame	قابلمه

| garrafa (f) | botri | بطری |
| gargalo (m) | gardan-e botri | گردن بطری |

jarro, garrafa (f)	tong	تنگ
jarro (m) de barro	pārč	پارچ
recipiente (m)	zarf	ظرف
pote (m)	sofāl	سفال
vaso (m)	goldān	گلدان

frasco (~ de perfume)	botri	بطری
frasquinho (ex. ~ de iodo)	viyāl	ویال
tubo (~ de pasta dentífrica)	tiyub	تیوب

saca (ex. ~ de açúcar)	kise	کیسه
saco (~ de plástico)	pākat	پاکت
maço (m)	baste	بسته

caixa (~ de sapatos, etc.)	ja'be	جعبه
caixa (~ de madeira)	sanduq	صندوق
cesta (f)	sabad	سبد

24. Materiais

material (m)	mādde	ماده
madeira (f)	deraxt	درخت
de madeira	čubi	چوبی

| vidro (m) | šiše | شیشه |
| de vidro | šiše i | شیشه ای |

| pedra (f) | sang | سنگ |
| de pedra | sangi | سنگی |

| plástico (m) | pelāstik | پلاستیک |
| de plástico | pelāstiki | پلاستیکی |

| borracha (f) | lāstik | لاستیک |
| de borracha | lāstiki | لاستیکی |

| tecido, pano (m) | pārče | پارچه |
| de tecido | pārče-i | پارچه ی |

| papel (m) | kāqaz | کاغذ |
| de papel | kāqazi | کاغذی |

cartão (m)	kārton	کارتن
de cartão	kārtoni	کارتونی
polietileno (m)	polietilen	پلیاتیلن
celofane (m)	solofān	سلوفان

linóleo (m)	linoleom	لینولئوم
contraplacado (m)	taxte-ye čand lāyi	تخته چند لایی

porcelana (f)	čini	چینی
de porcelana	čini	چینی
barro (f)	xāk-e ros	خاک رس
de barro	sofāli	سفالی
cerâmica (f)	serāmik	سرامیک
de cerâmica	serāmiki	سرامیکی

25. Metais

metal (m)	felez	فلز
metálico	felezi	فلزی
liga (f)	ālyiāž	آلیاژ

ouro (m)	talā	طلا
de ouro	talā	طلا
prata (f)	noqre	نقره
de prata	noqre	نقره

ferro (m)	āhan	آهن
de ferro	āhani	آهنی
aço (m)	fulād	فولاد
de aço	fulādi	فولادی
cobre (m)	mes	مس
de cobre	mesi	مسی

alumínio (m)	ālominiyom	آلومینیوم
de alumínio	ālominiyomi	آلومینیومی
bronze (m)	boronz	برنز
de bronze	boronzi	برنزی

latão (m)	berenj	برنج
níquel (m)	nikel	نیکل
platina (f)	pelātin	پلاتین
mercúrio (m)	jive	جیوه
estanho (m)	qal'	قلع
chumbo (m)	sorb	سرب
zinco (m)	ruy	روی

O SER HUMANO

O ser humano. O corpo

26. Humanos. Conceitos básicos

ser (m) humano	ensān	انسان
homem (m)	mard	مرد
mulher (f)	zan	زن
criança (f)	kudak	کودک
menina (f)	doxtar	دختر
menino (m)	pesar bače	پسر بچه
adolescente (m)	nowjavān	نوجوان
velho (m)	pirmard	پیرمرد
velha, anciã (f)	pirzan	پیرزن

27. Anatomia humana

organismo (m)	orgānism	ارگانیسم
coração (m)	qalb	قلب
sangue (m)	xun	خون
artéria (f)	sorxrag	سرخرگ
veia (f)	siyāhrag	سیاهرگ
cérebro (m)	maqz	مغز
nervo (m)	asab	عصب
nervos (m pl)	a'sāb	اعصاب
vértebra (f)	mohre	مهره
coluna (f) vertebral	sotun-e faqarāt	ستون فقرات
estômago (m)	me'de	معده
intestinos (m pl)	rude	روده
intestino (m)	rude	روده
fígado (m)	kabed	کبد
rim (m)	kolliye	کلیه
osso (m)	ostexān	استخوان
esqueleto (m)	eskelet	اسکلت
costela (f)	dande	دنده
crânio (m)	jomjome	جمجمه
músculo (m)	azole	عضله
bíceps (m)	azole-ye dosar	عضلهٔ دوسر
tríceps (m)	azole-ye se sar	عضلهٔ سه سر
tendão (m)	tāndon	تاندون
articulação (f)	mofassal	مفصل

pulmões (m pl)	rie	ریه
órgãos (m pl) genitais	andām hā-ye tanāsol-i	اندام های تناسلی
pele (f)	pust	پوست

28. Cabeça

cabeça (f)	sar	سر
cara (f)	surat	صورت
nariz (m)	bini	بینی
boca (f)	dahān	دهان

olho (m)	češm	چشم
olhos (m pl)	češm-hā	چشم ها
pupila (f)	mardomak	مردمک
sobrancelha (f)	abru	ابرو
pestana (f)	može	مژه
pálpebra (f)	pelek	پلک

língua (f)	zabān	زبان
dente (m)	dandān	دندان
lábios (m pl)	lab-hā	لب ها
maçãs (f pl) do rosto	ostexānhā-ye gune	استخوان های گونه
gengiva (f)	lase	لثه
palato (m)	saqf-e dahān	سقف دهان

narinas (f pl)	surāxhā-ye bini	سوراخ های بینی
queixo (m)	čāne	چانه
mandíbula (f)	fak	فک
bochecha (f)	gune	گونه

testa (f)	pišāni	پیشانی
têmpora (f)	gijgāh	گیجگاه
orelha (f)	guš	گوش
nuca (f)	pas gardan	پس گردن
pescoço (m)	gardan	گردن
garganta (f)	galu	گلو

cabelos (m pl)	mu-hā	مو ها
penteado (m)	model-e mu	مدل مو
corte (m) de cabelo	model-e mu	مدل مو
peruca (f)	kolāh-e gis	کلاه گیس

bigode (m)	sebil	سبیل
barba (f)	riš	ریش
usar, ter (~ barba, etc.)	gozāštan	گذاشتن
trança (f)	muy-e bāfte	موی بافته
suíças (f pl)	xatt-e riš	خط ریش

ruivo	muqermez	موقرمز
grisalho	sefid-e mu	سفید مو
calvo	tās	طاس
calva (f)	tāsi	طاسی
rabo-de-cavalo (m)	dom-e asbi	دم اسبی
franja (f)	čatri	چتری

29. Corpo humano

mão (f)	dast	دست
braço (m)	bāzu	بازو
dedo (m)	angošt	انگشت
dedo (m) do pé	šast-e pā	شصت پا
polegar (m)	šost	شست
dedo (m) mindinho	angošt-e kučak	انگشت کوچک
unha (f)	nāxon	ناخن
punho (m)	mošt	مشت
palma (f) da mão	kaf-e dast	کف دست
pulso (m)	moč-e dast	مچ دست
antebraço (m)	sāʿed	ساعد
cotovelo (m)	āranj	آرنج
ombro (m)	ketf	کتف
perna (f)	pā	پا
pé (m)	pā	پا
joelho (m)	zānu	زانو
barriga (f) da perna	sāq	ساق
anca (f)	rān	ران
calcanhar (m)	pāšne-ye pā	پاشنۀ پا
corpo (m)	badan	بدن
barriga (f)	šekam	شکم
peito (m)	sine	سینه
seio (m)	sine	سینه
lado (m)	pahlu	پهلو
costas (f pl)	pošt	پشت
região (f) lombar	kamar	کمر
cintura (f)	dur-e kamar	دور کمر
umbigo (m)	nāf	ناف
nádegas (f pl)	nešiman-e gāh	نشیمن گاه
traseiro (m)	bāsan	باسن
sinal (m)	xāl	خال
sinal (m) de nascença	xāl-e mādarzād	خال مادرزاد
tatuagem (f)	xāl kubi	خال کوبی
cicatriz (f)	jā-ye zaxm	جای زخم

Vestuário & Acessórios

30. Roupa exterior. Casacos

roupa (f)	lebās	لباس
roupa (f) exterior	lebās-e ru	لباس رو
roupa (f) de inverno	lebās-e zemestāni	لباس زمستانی
sobretudo (m)	pāltow	پالتو
casaco (m) de peles	pālto-ye pustin	پالتوی پوستین
casaco curto (m) de peles	kot-e pustin	کت پوستین
casaco (m) acolchoado	kāpšan	کاپشن
casaco, blusão (m)	kot	کت
impermeável (m)	bārāni	بارانی
impermeável	zed-e āb	ضد آب

31. Vestuário de homem & mulher

camisa (f)	pirāhan	پیراهن
calças (f pl)	šalvār	شلوار
calças (f pl) de ganga	jin	جین
casaco (m) de fato	kot	کت
fato (m)	kat-o šalvār	کت و شلوار
vestido (ex. ~ vermelho)	lebās	لباس
saia (f)	dāman	دامن
blusa (f)	boluz	بلوز
casaco (m) de malha	jeliqe-ye kešbāf	جلیقه کشباف
casaco, blazer (m)	kot	کت
T-shirt, camiseta (f)	tey šarr-at	تی شرت
calções (Bermudas, etc.)	šalvarak	شلوارک
fato (m) de treino	lebās-e varzeši	لباس ورزشی
roupão (m) de banho	howle-ye hamām	حوله حمام
pijama (m)	pižāme	پیژامه
suéter (m)	poliver	پلیور
pulôver (m)	poliver	پلیور
colete (m)	jeliqe	جلیقه
fraque (m)	kat-e dāman gerd	کت دامن گرد
smoking (m)	esmoking	اسموکینگ
uniforme (m)	oniform	اونیفورم
roupa (f) de trabalho	lebās-e kār	لباس کار
fato-macaco (m)	rupuš	روپوش
bata (~ branca, etc.)	rupuš	روپوش

32. Vestuário. Roupa interior

roupa (f) interior	lebãs-e zir	لباس زیر
cuecas boxer (f pl)	šort-e bãkser	شورت باكسر
cuecas (f pl)	šort-e zanãne	شورت زنانه
camisola (f) interior	zir-e pirãhan-i	زیر پیراهنی
peúgas (f pl)	jurãb	جوراب
camisa (f) de noite	lebãs-e xãb	لباس خواب
sutiã (m)	sine-ye band	سینه بند
meias longas (f pl)	sãq	ساق
meia-calça (f)	jurãb-e šalvãri	جوراب شلواری
meias (f pl)	jurãb-e sãqeboland	جوراب ساقه بلند
fato (m) de banho	mãyo	مایو

33. Adereços de cabeça

chapéu (m)	kolãh	كلاه
chapéu (m) de feltro	šãpo	شاپو
boné (m) de beisebol	kolãh beysbãl	كلاه بیس بال
boné (m)	kolãh-e taxt	كلاه تخت
boina (f)	kolãh barre	كلاه بره
capuz (m)	kolãh-e bãrãni	كلاه بارانی
panamá (m)	kolãh-e dowre-ye boland	كلاه دوره بلند
gorro (m) de malha	kolãh-e bãftani	كلاه بافتنی
lenço (m)	rusari	روسری
chapéu (m) de mulher	kolãh-e zanãne	كلاه زنانه
capacete (m) de proteção	kolãh-e imeni	كلاه ایمنی
bibico (m)	kolãh-e pãdegãn	كلاه پادگان
capacete (m)	kolãh-e imeni	كلاه ایمنی
chapéu-coco (m)	kolãh-e namadi	كلاه نمدی
chapéu (m) alto	kolãh-e ostovãnei	كلاه استوانه ای

34. Calçado

calçado (m)	kafš	كفش
botinas (f pl)	putin	پوتین
sapatos (de salto alto, etc.)	kafš	كفش
botas (f pl)	čakme	چكمه
pantufas (f pl)	dampãyi	دمپایی
ténis (m pl)	kafš katãn-i	كفش كتانی
sapatilhas (f pl)	kafš katãn-i	كفش كتانی
sandálias (f pl)	sandal	صندل
sapateiro (m)	kaffãš	كفاش
salto (m)	pãšne-ye kafš	پاشنۀ كفش

par (m)	yek joft	یک جفت
atacador (m)	band-e kafš	بند کفش
apertar os atacadores	band-e kafš bastan	بند کفش بستن
calçadeira (f)	pāšne keš	پاشنه کش
graxa (f) para calçado	vāks	واکس

35. Têxtil. Tecidos

algodão (m)	panbe	پنبه
de algodão	panbe i	پنبه ای
linho (m)	katān	کتان
de linho	katāni	کتانی

seda (f)	abrišam	ابریشم
de seda	abrišami	ابریشمی
lã (f)	pašm	پشم
de lã	pašmi	پشمی

veludo (m)	maxmal	مخمل
camurça (f)	jir	جیر
bombazina (f)	maxmal-e kebriti	مخمل کبریتی

náilon (m)	nāylon	نایلون
de náilon	nāyloni	نایلونی
poliéster (m)	poliester	پلی استر
de poliéster	poliester	پلناستر

courô (m)	čarm	چرم
de couro	čarmi	چرمی
pele (f)	xaz	خز
de peles, de pele	xaz	خز

36. Acessórios pessoais

luvas (f pl)	dastkeš	دستکش
mitenes (f pl)	dastkeš-e yek angošti	دستکش یک انگشتی
cachecol (m)	šāl-e gardan	شال گردن

óculos (m pl)	eynak	عینک
armação (f) de óculos	qāb	قاب
guarda-chuva (m)	čatr	چتر
bengala (f)	asā	عصا
escova (f) para o cabelo	bores-e mu	برس مو
leque (m)	bādbezan	بادبزن

gravata (f)	kerāvāt	کراوات
gravata-borboleta (f)	pāpiyon	پاپیون
suspensórios (m pl)	band šalvār	بند شلوار
lenço (m)	dastmāl	دستمال

pente (m)	šāne	شانه
travessão (m)	sanjāq-e mu	سنجاق مو

| gancho (m) de cabelo | sanjāq-e mu | سنجاق مو |
| fivela (f) | sagak | سگک |

| cinto (m) | kamarband | کمربند |
| correia (f) | tasme | تسمه |

mala (f)	keyf	کیف
mala (f) de senhora	keyf-e zanāne	کیف زنانه
mochila (f)	kule pošti	کولهٔ پشتی

37. Vestuário. Diversos

moda (f)	mod	مد
na moda	mod	مد
estilista (m)	tarrāh-e lebas	طراح لباس

colarinho (m), gola (f)	yaqe	یقه
bolso (m)	jib	جیب
de bolso	jibi	جیبی
manga (f)	āstin	آستین
alcinha (f)	band-e āviz	بند آویز
braguilha (f)	zip	زیپ

fecho (m) de correr	zip	زیپ
fecho (m), colchete (m)	sagak	سگک
botão (m)	dokme	دکمه
casa (f) de botão	surāx-e dokme	سوراخ دکمه
soltar-se (vr)	kande šodan	کنده شدن

coser, costurar (vi)	duxtan	دوختن
bordar (vt)	golduzi kardan	گلدوزی کردن
bordado (m)	golduzi	گلدوزی
agulha (f)	suzan	سوزن
fio (m)	nax	نخ
costura (f)	darz	درز

sujar-se (vr)	kasif šodan	کثیف شدن
mancha (f)	lakke	لکه
engelhar-se (vr)	čoruk šodan	چروک شدن
rasgar (vt)	pāre kardan	پاره کردن
traça (f)	šab parre	شب پره

38. Cuidados pessoais. Cosméticos

pasta (f) de dentes	xamir-e dandān	خمیر دندان
escova (f) de dentes	mesvāk	مسواک
escovar os dentes	mesvāk zadan	مسواک زدن

máquina (f) de barbear	tiq	تیغ
creme (m) de barbear	kerem-e riš tarāši	کرم ریش تراشی
barbear-se (vr)	riš tarāšidan	ریش تراشیدن
sabonete (m)	sābun	صابون

champô (m)	šāmpu	شامپو
tesoura (f)	qeyči	قیچی
lima (f) de unhas	sohan-e nāxon	سوهان ناخن
corta-unhas (m)	nāxon gir	ناخن گیر
pinça (f)	mučin	موچین

cosméticos (m pl)	lavāzem-e ārāyeši	لوازم آرایشی
máscara (f) facial	māsk	ماسک
manicura (f)	mānikur	مانیکور
fazer a manicura	mānikur kardan	مانیکور کردن
pedicure (f)	pedikur	پدیکور

mala (f) de maquilhagem	kife lavāzem-e ārāyeši	کیف لوازم آرایشی
pó (m)	pudr	پودر
caixa (f) de pó	ja'be-ye pudr	جعبهٔ پودر
blush (m)	sorxāb	سرخاب

perfume (m)	atr	عطر
água (f) de toilette	atr	عطر
loção (f)	losiyon	لوسیون
água-de-colónia (f)	odkolon	اودکلن

sombra (f) de olhos	sāye-ye češm	سایه چشم
lápis (m) delineador	medād čašm	مداد چشم
máscara (f), rímel (m)	rimel	ریمل

haṭom (m)	mātik	ماتیک
verniz (m) de unhas	lāk-e nāxon	لاک ناخن
laca (f) para cabelos	esperey-ye mu	اسپری مو
desodorizante (m)	deodyrant	دئودورانت

creme (m)	kerem	کرم
creme (m) de rosto	kerem-e surat	کرم صورت
creme (m) de mãos	kerem-e dast	کرم دست
creme (m) antirrugas	kerem-e zedd-e čoruk	کرم ضد چروک
creme (m) de dia	kerem-e ruz	کرم روز
creme (m) de noite	kerem-e šab	کرم شب
de dia	ruzāne	روزانه
da noite	šab	شب

tampão (m)	tāmpon	تامپون
papel (m) higiénico	kāqaz-e tuālet	کاغذ توالت
secador (m) elétrico	sešovār	سشوار

39. Joalheria

joias (f pl)	javāherāt	جواهرات
precioso	qeymati	قیمتی
marca (f) de contraste	ayār	عیار

anel (m)	angoštar	انگشتر
aliança (f)	halqe	حلقه
pulseira (f)	alangu	النگو
brincos (m pl)	gušvāre	گوشواره

colar (m)	gardan band	گردن بند
coroa (f)	tāj	تاج
colar (m) de contas	gardan band	گردن بند

diamante (m)	almās	الماس
esmeralda (f)	zomorrod	زمرد
rubi (m)	yāqut	یاقوت
safira (f)	yāqut-e kabud	یاقوت کبود
pérola (f)	morvārid	مروارید
âmbar (m)	kahrobā	کهربا

40. Relógios de pulso. Relógios

relógio (m) de pulso	sā'at-e moči	ساعت مچی
mostrador (m)	safhe-ye sā'at	صفحهٔ ساعت
ponteiro (m)	aqrabe	عقربه
bracelete (f) em aço	band-e sāat	بند ساعت
bracelete (f) em couro	band-e čarmi	بند چرمی

pilha (f)	bātri	باطری
descarregar-se	tamām šodan bātri	تمام شدن باتری
trocar a pilha	bātri avaz kardan	باطری عوض کردن
estar adiantado	jelo oftādan	جلو افتادن
estar atrasado	aqab māndan	عقب ماندن

relógio (m) de parede	sā'at-e divāri	ساعت دیواری
ampulheta (f)	sā'at-e šeni	ساعت شنی
relógio (m) de sol	sā'at-e āftābi	ساعت آفتابی
despertador (m)	sā'at-e zang dār	ساعت زنگ دار
relojoeiro (m)	sā'at sāz	ساعت ساز
reparar (vt)	ta'mir kardan	تعمیر کردن

Alimentação. Nutrição

41. Comida

carne (f)	gušt	گوشت
galinha (f)	morq	مرغ
frango (m)	juje	جوجه
pato (m)	ordak	اردک
ganso (m)	qāz	غاز
caça (f)	gušt-e šekār	گوشت شکار
peru (m)	gušt-e buqalamun	گوشت بوقلمون
carne (f) de porco	gušt-e xuk	گوشت خوک
carne (f) de vitela	gušt-e gusāle	گوشت گوساله
carne (f) de carneiro	gušt-e gusfand	گوشت گوسفند
carne (f) de vaca	gušt-e gāv	گوشت گاو
carne (f) de coelho	xarguš	خرگوش
chouriço, salsichão (m)	kālbās	کالباس
salsicha (f)	sosis	سوسیس
bacon (m)	beykon	بیکن
fiambre (f)	žāmbon	ژامبون
presunto (m)	rān xuk	ران خوک
patê (m)	pāte	پاته
fígado (m)	jegar	جگر
carne (f) moída	hamberger	همبرگر
língua (f)	zabān	زبان
ovo (m)	toxm-e morq	تخم مرغ
ovos (m pl)	toxm-e morq-ha	تخم مرغ ها
clara (f) do ovo	sefide-ye toxm-e morq	سفیده تخم مرغ
gema (f) do ovo	zarde-ye toxm-e morq	زرده تخم مرغ
peixe (m)	māhi	ماهی
mariscos (m pl)	qazā-ye daryāyi	غذای دریایی
crustáceos (m pl)	saxtpustān	سختپوستان
caviar (m)	xāviār	خاویار
caranguejo (m)	xarčang	خرچنگ
camarão (m)	meygu	میگو
ostra (f)	sadaf-e xorāki	صدف خوراکی
lagosta (f)	xarčang-e xārdār	خرچنگ خاردار
polvo (m)	hašt pā	هشت پا
lula (f)	māhi-ye morakkab	ماهی مرکب
esturjão (m)	māhi-ye xāviar	ماهی خاویار
salmão (m)	māhi-ye salemon	ماهی سالمون
halibute (m)	halibut	هالیبوت
bacalhau (m)	māhi-ye rowqan	ماهی روغن

cavala, sarda (f)	māhi-ye esqumeri	ماهی اسقومری
atum (m)	tan māhi	تن ماهی
enguia (f)	mārmāhi	مارماهی
truta (f)	māhi-ye qezelālā	ماهی قزل آلا
sardinha (f)	sārdin	ساردین
lúcio (m)	ordak māhi	اردک ماهی
arenque (m)	māhi-ye šur	ماهی شور
pão (m)	nān	نان
queijo (m)	panir	پنیر
açúcar (m)	qand	قند
sal (m)	namak	نمک
arroz (m)	berenj	برنج
massas (f pl)	mākāroni	ماکارونی
talharim (m)	rešte-ye farangi	رشته فرنگی
manteiga (f)	kare	کره
óleo (m) vegetal	rowqan-e nabāti	روغن نباتی
óleo (m) de girassol	rowqan āftābgardān	روغن آفتاب گردان
margarina (f)	mārgārin	مارگارین
azeitonas (f pl)	zeytun	زیتون
azeite (m)	rowqan-e zeytun	روغن زیتون
leite (m)	šir	شیر
leite (m) condensado	šir-e čegāl	شیر چگال
iogurte (m)	mās-at	ماست
nata (f) azeda	xāme-ye torš	خامهٔ ترش
nata (f) do leite	saršir	سرشیر
maionese (f)	māyonez	مایونز
creme (m)	xāme	خامه
grãos (m pl) de cereais	hobubāt	حبوبات
farinha (f)	ārd	آرد
enlatados (m pl)	konserv-hā	کنسرو ها
flocos (m pl) de milho	bereštuk	برشتوک
mel (m)	asal	عسل
doce (m)	morabbā	مربا
pastilha (f) elástica	ādāms	آدامس

42. Bebidas

água (f)	āb	آب
água (f) potável	āb-e āšāmidani	آب آشامیدنی
água (f) mineral	āb-e ma'dani	آب معدنی
sem gás	bedun-e gāz	بدون گاز
gaseificada	gāzdār	گازدار
com gás	gāzdār	گازدار
gelo (m)	yax	یخ

com gelo	yax dār	یخ دار
sem álcool	bi alkol	بی الکل
bebida (f) sem álcool	nušābe-ye bi alkol	نوشابۀ بی الکل
refresco (m)	nušābe-ye xonak	نوشابۀ خنک
limonada (f)	limunād	لیموناد

bebidas (f pl) alcoólicas	mašrubāt-e alkoli	مشروبات الکلی
vinho (m)	šarāb	شراب
vinho (m) branco	šarāb-e sefid	شراب سفید
vinho (m) tinto	šarāb-e sorx	شراب سرخ

licor (m)	likor	لیکور
champanhe (m)	šāmpāyn	شامپاین
vermute (m)	vermut	ورموت

uísque (m)	viski	ویسکی
vodka (f)	vodkā	ودکا
gim (m)	jin	جین
conhaque (m)	konyāk	کنیاک
rum (m)	araq-e neyšekar	عرق نیشکر

café (m)	qahve	قهوه
café (m) puro	qahve-ye talx	قهوۀ تلخ
café (m) com leite	šir-qahve	شیرقهوه
cappuccino (m)	kāpočino	کاپوچینو
café (m) solúvel	qahve-ye fowri	قهوه فوری

leite (m)	šir	شیر
coquetel (m)	kuktel	کوکتل
batido (m) de leite	kuktele šir	کوکتل شیر

sumo (m)	āb-e mive	آب میوه
sumo (m) de tomate	āb-e gowjefarangi	آب گوجه فرنگی
sumo (m) de laranja	āb-e porteqāl	آب پرتقال
sumo (m) fresco	āb-e mive-ye taze	آب میوۀ تازه

cerveja (f)	ābejow	آبجو
cerveja (f) clara	ābejow-ye sabok	آبجوی سبک
cerveja (f) preta	ābejow-ye tire	آبجوی تیره

chá (m)	čāy	چای
chá (m) preto	čāy-e siyāh	چای سیاه
chá (m) verde	čāy-e sabz	چای سبز

43. Vegetais

| legumes (m pl) | sabzijāt | سبزیجات |
| verduras (f pl) | sabzi | سبزی |

tomate (m)	gowje farangi	گوجه فرنگی
pepino (m)	xiyār	خیار
cenoura (f)	havij	هویج
batata (f)	sib zamini	سیب زمینی
cebola (f)	piyāz	پیاز

alho (m)	sir	سیر
couve (f)	kalam	کلم
couve-flor (f)	gol kalam	گل کلم
couve-de-bruxelas (f)	koll-am boruksel	کلم بروکسل
brócolos (m pl)	kalam borokli	کلم بروکلی

beterraba (f)	čoqondar	چغندر
beringela (f)	bādenjān	بادنجان
curgete (f)	kadu sabz	کدو سبز
abóbora (f)	kadu tanbal	کدو تنبل
nabo (m)	šalqam	شلغم

salsa (f)	ja'fari	جعفری
funcho, endro (m)	šavid	شوید
alface (f)	kāhu	کاهو
aipo (m)	karafs	کرفس
espargo (m)	mārčube	مارچوبه
espinafre (m)	esfenāj	اسفناج

ervilha (f)	noxod	نخود
fava (f)	lubiyā	لوبیا
milho (m)	zorrat	ذرت
feijão (m)	lubiyā qermez	لوبیا قرمز

pimentão (m)	felfel	فلفل
rabanete (m)	torobče	تربچه
alcachofra (f)	kangar farangi	کنگرفرنگی

44. Frutos. Nozes

fruta (f)	mive	میوه
maçã (f)	sib	سیب
pera (f)	golābi	گلابی
limão (m)	limu	لیمو
laranja (f)	porteqāl	پرتقال
morango (m)	tut-e farangi	توت فرنگی

tangerina (f)	nārengi	نارنگی
ameixa (f)	ālu	آلو
pêssego (m)	holu	هلو
damasco (m)	zardālu	زردآلو
framboesa (f)	tamešk	تمشک
ananás (m)	ānānās	آناناس

banana (f)	mowz	موز
melancia (f)	hendevāne	هندوانه
uva (f)	angur	انگور
ginja (f)	ālbālu	آلبالو
cereja (f)	gilās	گیلاس
meloa (f)	xarboze	خربزه

toranja (f)	gerip forut	گریپ فوروت
abacate (m)	āvokādo	اووکادو
papaia (f)	pāpāyā	پاپایا

manga (f)	anbe	انبه
romã (f)	anār	انار

groselha (f) vermelha	angur-e farangi-ye sorx	انگور فرنگی سرخ
groselha (f) preta	angur-e farangi-ye siyāh	انگور فرنگی سیاه
groselha (f) espinhosa	angur-e farangi	انگور فرنگی
mirtilo (m)	zoqāl axte	زغال اخته
amora silvestre (f)	šāh tut	شاه توت

uvas (f pl) passas	kešmeš	کشمش
figo (m)	anjir	انجیر
tâmara (f)	xormā	خرما

amendoim (m)	bādām zamin-i	بادام زمینی
amêndoa (f)	bādām	بادام
noz (f)	gerdu	گردو
avelã (f)	fandoq	فندق
coco (m)	nārgil	نارگیل
pistáchios (m pl)	peste	پسته

45. Pão. Bolaria

pastelaria (f)	širini jāt	شیرینی جات
pão (m)	nān	نان
bolacha (f)	biskuit	بیسکویت

chocolate (m)	šokolāt	شکلات
de chocolate	šokolāti	شکلاتی
rebuçado (m)	āb nabāt	آب نبات
bolo (cupcake, etc.)	nān-e širini	نان شیرینی
bolo (m) de aniversário	širini	شیرینی

tarte (~ de maçã)	keyk	کیک
recheio (m)	čāšni	چاشنی

doce (m)	morabbā	مربا
geleia (f) de frutas	mārmālād	مارمالاد
waffle (m)	vāfel	وافل
gelado (m)	bastani	بستنی
pudim (m)	puding	پودینگ

46. Pratos cozinhados

prato (m)	qazā	غذا
cozinha (~ portuguesa)	qazā	غذا
receita (f)	dastur-e poxt	دستور پخت
porção (f)	pors	پرس

salada (f)	sālād	سالاد
sopa (f)	sup	سوپ
caldo (m)	pāye-ye sup	پایه سوپ
sandes (f)	sāndevič	ساندویچ

ovos (m pl) estrelados	nimru	نیمرو
hambúrguer (m)	hamberger	همبرگر
bife (m)	esteyk	استیک

conduto (m)	moxallafāt	مخلفات
espaguete (m)	espāgeti	اسپاگتی
puré (m) de batata	pure-ye sibi zamini	پورۀ سیب زمینی
pizza (f)	pitzā	پیتزا
papa (f)	šurbā	شوربا
omelete (f)	ommol-at	املت

cozido em água	āb paz	آب پز
fumado	dudi	دودی
frito	sorx šode	سرخ شده
seco	xošk	خشک
congelado	yax zade	یخ زده
em conserva	torši	ترشی

doce (açucarado)	širin	شیرین
salgado	šur	شور
frio	sard	سرد
quente	dāq	داغ
amargo	talx	تلخ
gostoso	xoš mazze	خوش مزه

cozinhar (em água a ferver)	poxtan	پختن
fazer, preparar (vt)	poxtan	پختن
fritar (vt)	sorx kardan	سرخ کردن
aquecer (vt)	garm kardan	گرم کردن

salgar (vt)	namak zadan	نمک زدن
apimentar (vt)	felfel pāšidan	فلفل پاشیدن
ralar (vt)	rande kardan	رنده کردن
casca (f)	pust	پوست
descascar (vt)	pust kandan	پوست کندن

47. Especiarias

sal (m)	namak	نمک
salgado	šur	شور
salgar (vt)	namak zadan	نمک زدن

pimenta (f) preta	felfel-e siyāh	فلفل سیاه
pimenta (f) vermelha	felfel-e sorx	فلفل سرخ
mostarda (f)	xardal	خردل
raiz-forte (f)	torob-e kuhi	ترب کوهی

condimento (m)	adviye	ادویه
especiaria (f)	adviye	ادویه
molho (m)	ses	سس
vinagre (m)	serke	سرکه

| anis (m) | rāziyāne | رازیانه |
| manjericão (m) | reyhān | ریحان |

cravo (m)	mixak	ميخک
gengibre (m)	zanjefil	زنجفيل
coentro (m)	gešniz	گشنيز
canela (f)	dārčin	دارچين

sésamo (m)	konjed	كنجد
folhas (f pl) de louro	barg-e bu	برگ بو
páprica (f)	paprika	پاپريكا
cominho (m)	zire	زيره
açafrão (m)	za'ferān	زعفران

48. Refeições

| comida (f) | qazā | غذا |
| comer (vt) | xordan | خوردن |

pequeno-almoço (m)	sobhāne	صبحانه
tomar o pequeno-almoço	sobhāne xordan	صبحانه خوردن
almoço (m)	nāhār	ناهار
almoçar (vi)	nāhār xordan	ناهار خوردن
jantar (m)	šām	شام
jantar (vi)	šām xordan	شام خوردن

| apetite (m) | eštehā | اشتها |
| Bom apetite! | nuš-e jān | نوش جان |

abrir (~ uma lata, etc.)	bāz kardan	باز كردن
derramar (vt)	rixtan	ريختن
derramar-se (vr)	rixtan	ريختن

ferver (vi)	jušidan	جوشيدن
ferver (vt)	jušāndan	جوشاندن
fervido	jušide	جوشيده
arrefecer (vt)	sard kardan	سرد كردن
arrefecer-se (vr)	sard šodan	سرد شدن

| sabor, gosto (m) | maze | مزه |
| gostinho (m) | maze | مزه |

fazer dieta	lāqar kardan	لاغر كردن
dieta (f)	režim	رژيم
vitamina (f)	vitāmin	ويتامين
caloria (f)	kālori	كالرى

| vegetariano (m) | giyāh xār | گياه خوار |
| vegetariano | giyāh xāri | گياه خوارى |

gorduras (f pl)	čarbi-hā	چربى ها
proteínas (f pl)	porotein	پروتئين
carboidratos (m pl)	karbohidrāt-hā	كربو هيدرات ها

fatia (~ de limão, etc.)	qet'e	قطعه
pedaço (~ de bolo)	tekke	تكه
migalha (f)	zarre	ذره

49. Por a mesa

colher (f)	qāšoq	قاشق
faca (f)	kārd	کارد
garfo (m)	čangāl	چنگال
chávena (f)	fenjān	فنجان
prato (m)	bošqāb	بشقاب
pires (m)	na'lbeki	نعلبکی
guardanapo (m)	dastmāl	دستمال
palito (m)	xelāl-e dandān	خلال دندان

50. Restaurante

restaurante (m)	resturān	رستوران
café (m)	kāfe	کافه
bar (m), cervejaria (f)	bār	بار
salão (m) de chá	qahve xāne	قهوه خانه
empregado (m) de mesa	pišxedmat	پیشخدمت
empregada (f) de mesa	pišxedmat	پیشخدمت
barman (m)	motesaddi-ye bār	متصدی بار
ementa (f)	meno	منو
lista (f) de vinhos	kārt-e šarāb	کارت شراب
reservar uma mesa	miz rezerv kardan	میز رزرو کردن
prato (m)	qazā	غذا
pedir (vt)	sefāreš dādan	سفارش دادن
fazer o pedido	sefāreš dādan	سفارش دادن
aperitivo (m)	mašrub-e piš qazā	مشروب پیش غذا
entrada (f)	piš qazā	پیش غذا
sobremesa (f)	deser	دسر
conta (f)	surat hesāb	صورت حساب
pagar a conta	surat-e hesāb rā pardāxtan	صورت حساب را پرداختن
dar o troco	baqiye rā dādan	بقیه را دادن
gorjeta (f)	an'ām	انعام

Família, parentes e amigos

51. Informação pessoal. Formulários

nome (m)	esm	اسم
apelido (m)	nãm-e xãnevãdegi	نام خانوادگی
data (f) de nascimento	tãrix-e tavallod	تاریخ تولد
local (m) de nascimento	mahall-e tavallod	محل تولد
nacionalidade (f)	melliyat	ملیت
lugar (m) de residência	mahall-e sokunat	محل سکونت
país (m)	kešvar	کشور
profissão (f)	šoql	شغل
sexo (m)	jens	جنس
estatura (f)	qad	قد
peso (m)	vazn	وزن

52. Membros da família. Parentes

mãe (f)	mãdar	مادر
pai (m)	pedar	پدر
filho (m)	pesar	پسر
filha (f)	doxtar	دختر
filha (f) mais nova	doxtar-e kučak	دختر کوچک
filho (m) mais novo	pesar-e kučak	پسر کوچک
filha (f) mais velha	doxtar-e bozorg	دختر بزرگ
filho (m) mais velho	pesar-e bozorg	پسر بزرگ
irmão (m)	barãdar	برادر
irmão (m) mais velho	barãdar-e bozorg	برادر بزرگ
irmão (m) mais novo	barãdar-e kučak	برادر کوچک
irmã (f)	xãhar	خواهر
irmã (f) mais velha	xãhar-e bozorg	خواهر بزرگ
irmã (f) mais nova	xãhar-e kučak	خواهر کوچک
primo (m)	pesar 'amu	پسر عمو
prima (f)	doxtar amu	دختر عمو
mamã (f)	mãmãn	مامان
papá (m)	bãbã	بابا
pais (pl)	vãledeyn	والدین
criança (f)	kudak	کودک
crianças (f pl)	bače-hã	بچه ها
avó (f)	mãdarbozorg	مادربزرگ
avô (m)	pedar-bozorg	پدربزرگ

neto (m)	nave	نوه
neta (f)	nave	نوه
netos (pl)	nave-hā	نوه ها

tio (m)	amu	عمو
tia (f)	xāle yā amme	خاله یا عمه
sobrinho (m)	barādar-zāde	برادرزاده
sobrinha (f)	xāhar-zāde	خواهرزاده

sogra (f)	mādarzan	مادرزن
sogro (m)	pedar-šowhar	پدرشوهر
genro (m)	dāmād	داماد
madrasta (f)	nāmādari	نامادری
padrasto (m)	nāpedari	ناپدری

criança (f) de colo	nowzād	نوزاد
bebé (m)	širxār	شیرخوار
menino (m)	pesar-e kučulu	پسر کوچولو

mulher (f)	zan	زن
marido (m)	šowhar	شوهر
esposo (m)	hamsar	همسر
esposa (f)	hamsar	همسر

casado	mote'ahhel	متاهل
casada	mote'ahhel	متاهل
solteiro	mojarrad	مجرد
solteirão (m)	mojarrad	مجرد
divorciado	talāq gerefte	طلاق گرفته
viúva (f)	bive zan	بیوه زن
viúvo (m)	bive	بیوه

parente (m)	xišāvand	خویشاوند
parente (m) próximo	aqvām-e nazdik	اقوام نزدیک
parente (m) distante	aqvām-e dur	اقوام دور
parentes (m pl)	aqvām	اقوام

órfão (m), órfã (f)	yatim	یتیم
tutor (m)	qayyem	قیم
adotar (um filho)	be pesari gereftan	به پسری گرفتن
adotar (uma filha)	be doxtari gereftan	به دختری گرفتن

53. Amigos. Colegas de trabalho

amigo (m)	dust	دوست
amiga (f)	dust	دوست
amizade (f)	dusti	دوستی
ser amigos	dust budan	دوست بودن

amigo (m)	rafiq	رفیق
amiga (f)	rafiq	رفیق
parceiro (m)	šarik	شریک
chefe (m)	ra'is	رئیس
superior (m)	ra'is	رئیس

proprietário (m)	sāheb	صاحب
subordinado (m)	zirdast	زیردست
colega (m)	hamkār	همکار

conhecido (m)	āšnā	آشنا
companheiro (m) de viagem	hamsafar	همسفر
colega (m) de classe	ham kelās	هم کلاس

vizinho (m)	hamsāye	همسایه
vizinha (f)	hamsāye	همسایه
vizinhos (pl)	hamsāye-hā	همسایه ها

54. Homem. Mulher

mulher (f)	zan	زن
rapariga (f)	doxtar	دختر
noiva (f)	arus	عروس

bonita	zibā	زیبا
alta	qad boland	قد بلند
esbelta	xoš andām	خوش اندام
de estatura média	qad kutāh	قد کوتاه

| loura (f) | mu bur | مو بور |
| morena (f) | mu siyāh | مو سیاه |

de senhora	zanāne	زنانه
virgem (f)	bākere	باکره
grávida	bārdār	باردار

homem (m)	mard	مرد
louro (m)	mu bur	مو بور
moreno (m)	mu siyāh	مو سیاه
alto	qad boland	قد بلند
de estatura média	qad kutāh	قد کوتاه

rude	xašen	خشن
atarracado	tanumand	تنومند
robusto	tanumand	تنومند
forte	nirumand	نیرومند
força (f)	niru	نیرو

gordo	čāq	چاق
moreno	sabze ru	سبزه رو
esbelto	xoš andām	خوش اندام
elegante	barāzande	برازنده

55. Idade

idade (f)	sen	سن
juventude (f)	javāni	جوانی
jovem	javān	جوان

| mais novo | kučaktar | کوچکتر |
| mais velho | bozorgtar | بزرگتر |

jovem (m)	mard-e javān	مرد جوان
adolescente (m)	nowjavān	نوجوان
rapaz (m)	mard	مرد

| velho (m) | pirmard | پیرمرد |
| velhota (f) | pirzan | پیرزن |

adulto	bāleq	بالغ
de meia-idade	miyānsāl	میانسال
idoso, de idade	sālmand	سالمند
velho	mosen	مسن

reforma (f)	mostamerri	مستمری
reformar-se (vr)	bāznešaste šodan	بازنشسته شدن
reformado (m)	bāznešaste	بازنشسته

56. Crianças

criança (f)	kudak	کودک
crianças (f pl)	bače-hā	بچه ها
gémeos (m pl)	doqolu	دوقلو

berço (m)	gahvāre	گهواره
guizo (m)	jeqjeqe	جغجغه
fralda (f)	pušak	پوشک

chupeta (f)	pestānak	پستانک
carrinho (m) de bebé	kāleske	کالسکه
jardim (m) de infância	kudakestān	کودکستان
babysitter (f)	parastār bače	پرستار بچه

infância (f)	kudaki	کودکی
boneca (f)	arusak	عروسک
brinquedo (m)	asbāb bāzi	اسباب بازی
jogo (m) de armar	xāne sāzi	خانه سازی

bem-educado	bā tarbiyat	با تربیت
mal-educado	bi tarbiyat	بی تربیت
mimado	lus	لوس

ser travesso	šeytanat kardan	شیطنت کردن
travesso, traquinas	bāziguš	بازیگوش
travessura (f)	šeytāni	شیطانی
criança (f) travessa	šeytān	شیطان

| obediente | moti' | مطیع |
| desobediente | sarkeš | سرکش |

dócil	āqel	عاقل
inteligente	bāhuš	باهوش
menino (m) prodígio	kudak nābeqe	کودک نابغه

57. Casais. Vida de família

beijar (vt)	busidan	بوسیدن
beijar-se (vr)	hamdigar rā busidan	همدیگررا بوسیدن
família (f)	xānevāde	خانواده
familiar	xānevādegi	خانوادگی
casal (m)	zoj	زوج
matrimónio (m)	ezdevāj	ازدواج
lar (m)	kāšāne	کاشانه
dinastia (f)	selsele	سلسله

encontro (m)	qarār	قرار
beijo (m)	buse	بوسه

amor (m)	ešq	عشق
amar (vt)	dust dāštan	دوست داشتن
amado, querido	mahbub	محبوب

ternura (f)	mehrbāni	مهربانی
terno, afetuoso	mehrbān	مهربان
fidelidade (f)	vafā	وفا
fiel	vafādār	وفادار
cuidado (m)	tavajjoh	توجه
carinhoso	ba molāheze	با ملاحظه

recém-casados (m pl)	tāze ezdevāj karde	تازه ازدواج کرده
lua de mel (f)	māh-e asal	ماه عسل
casar-se (com um homem)	ezdevāj kardan	ازدواج کردن
casar-se (com uma mulher)	ezdevāj kardan	ازدواج کردن

boda (f)	arusi	عروسی
amante (m)	ma'šuq	معشوق
amante (f)	ma'šuqe	معشوقه

adultério (m)	xiyānat	خیانت
cometer adultério	xiyānat kardan	خیانت کردن
ciumento	hasud	حسود
ser ciumento	hasud budan	حسود بودن
divórcio (m)	talāq	طلاق
divorciar-se (vr)	talāq gereftan	طلاق گرفتن

brigar (discutir)	da'vā kardan	دعوا کردن
fazer as pazes	āšti kardan	آشتی کردن
juntos	bāham	باهم
sexo (m)	seks	سکس

felicidade (f)	xošbaxti	خوشبختی
feliz	xošbaxt	خوشبخت
infelicidade (f)	badbaxti	بدبختی
infeliz	badbaxt	بدبخت

Caráter. Sentimentos. Emoções

58. Sentimentos. Emoções

sentimento (m)	ehsās	احساس
sentimentos (m pl)	ehsāsat	احساسات
sentir (vt)	ehsās kardan	احساس کردن
fome (f)	gorosnegi	گرسنگی
ter fome	gorosne budan	گرسنه بودن
sede (f)	tešnegi	تشنگی
ter sede	tešne budan	تشنه بودن
sonolência (f)	xāb āludegi	خواب آلودگی
estar sonolento	xābālud budan	خواب آلود بودن
cansaço (m)	xastegi	خستگی
cansado	xaste	خسته
ficar cansado	xaste šodan	خسته شدن
humor (m)	xolq	خلق
tédio (m)	bi hoselegi	بی حوصلگی
aborrecer-se (vr)	hosele sar raftan	حوصله سررفتن
isolamento (m)	guše nešini	گوشه نشینی
isolar-se	guše nešini kardan	گوشه نشینی کردن
preocupar (vt)	negarān kardan	نگران کردن
preocupar-se (vr)	negarān šodan	نگران شدن
preocupação (f)	negarāni	نگرانی
ansiedade (f)	negarāni	نگرانی
preocupado	moztareb	مضطرب
estar nervoso	asabi šodan	عصبی شدن
entrar em pânico	vahšat kardan	وحشت کردن
esperança (f)	omid	امید
esperar (vt)	omid dāštan	امید داشتن
certeza (f)	etminān	اطمینان
certo	motmaen	مطمئن
indecisão (f)	adam-e etminān	عدم اطمینان
indeciso	nā motmaen	نا مطمئن
ébrio, bêbado	mast	مست
sóbrio	hošyār	هوشیار
fraco	za'if	ضعیف
feliz	xošbaxt	خوشبخت
assustar (vt)	tarsāndan	ترساندن
fúria (f)	qeyz	غیظ
ira, raiva (f)	xašm	خشم
depressão (f)	afsordegi	افسردگی
desconforto (m)	nārāhati	ناراحتی

conforto (m)	āsāyeš	آسایش
arrepender-se (vr)	afsus xordan	افسوس خوردن
arrependimento (m)	afsus	افسوس
azar (m), má sorte (f)	bad šāns-i	بد شانسی
tristeza (f)	delxori	دلخوری

vergonha (f)	šarm	شرم
alegria (f)	šādi	شادی
entusiasmo (m)	eštiyāq	اشتیاق
entusiasta (m)	moštāq	مشتاق
mostrar entusiasmo	eštiyāq dāštan	اشتیاق داشتن

59. Caráter. Personalidade

caráter (m)	šaxsiyat	شخصیت
falha (f) de caráter	naqs	نقص
mente (f), razão (f)	aql	عقل

consciência (f)	vejdān	وجدان
hábito (m)	ādat	عادت
habilidade (f)	este'dād	استعداد
saber (~ nadar, etc.)	tavānestan	توانستن

paciente	bā howsele	با حوصله
impaciente	bi hosele	بی حوصله
curioso	konjkāv	کنجکاو
curiosidade (f)	konjkāvi	کنجکاوی

modéstia (f)	forutani	فروتنی
modesto	forutan	فروتن
imodesto	gostāx	گستاخ

preguiça (f)	tanbali	تنبلی
preguiçoso	tanbal	تنبل
preguiçoso (m)	tanbal	تنبل

astúcia (f)	mokāri	مکاری
astuto	makkār	مکار
desconfiança (f)	bad gomāni	بد گمانی
desconfiado	bad gomān	بد گمان

generosidade (f)	sexāvat	سخاوت
generoso	ba sexāvat	با سخاوت
talentoso	bā este'dād	با استعداد
talento (m)	este'dād	استعداد

corajoso	šojā'	شجاع
coragem (f)	šojā'at	شجاعت
honesto	sādeq	صادق
honestidade (f)	sedāqat	صداقت

prudente	bā ehtiyāt	با احتیاط
valente	bi bāk	بی باک
sério	jeddi	جدی

57

severo	saxt gir	سخت گیر
decidido	mosammam	مصمم
indeciso	do del	دو دل
tímido	xejālati	خجالتى
timidez (f)	xejālat	خجالت

confiança (f)	e'temād	اعتماد
confiar (vt)	bāvar kardan	باور کردن
crédulo	zud bāvar	زود باور

sinceramente	sādeqāne	صادقانه
sincero	sādeq	صادق
sinceridade (f)	sedāqat	صداقت
aberto	sarih	صریح

calmo	ārām	آرام
franco	rok	رک
ingénuo	sāde lowh	ساده لوح
distraído	sar be havā	سر به هوا
engraçado	xande dār	خنده دار

ganância (f)	hers	حرص
ganancioso	haris	حریص
avarento	xasis	خسیس
mau	badjens	بدجنس
teimoso	lajuj	لجوج
desagradável	nāxošāyand	ناخوشایند

egoísta (m)	xodxāh	خودخواه
egoísta	xodxāhi	خودخواهى
cobarde (m)	tarsu	ترسو
cobarde	tarsu	ترسو

60. O sono. Sonhos

dormir (vi)	xābidan	خوابیدن
sono (m)	xāb	خواب
sonho (m)	royā	رویا
sonhar (vi)	xāb didan	خواب دیدن
sonolento	xāb ālud	خواب آلود

cama (f)	taxt-e xāb	تخت خواب
colchão (m)	tošak	تشک
cobertor (m)	patu	پتو
almofada (f)	bālešt	بالشت
lençol (m)	malāfe	ملافه

insónia (f)	bi-xābi	بیخوابى
insone	bi xāb	بى خواب
sonífero (m)	xāb āvar	خواب آور
tomar um sonífero	xābāvar xordan	خواب آور خوردن

| estar sonolento | xābālud budan | خواب آلود بودن |
| bocejar (vi) | xamyāze kešidan | خمیازه کشیدن |

ir para a cama	be raxtexāb raftan	به رختخواب رفتن
fazer a cama	raxtexāb-e pahn kardan	رختخواب پهن کردن
adormecer (vi)	xābidan	خوابیدن

pesadelo (m)	kābus	کابوس
ronco (m)	xoropf	خروپف
roncar (vi)	xoropf kardan	خروپف کردن

despertador (m)	sā'at-e zang dār	ساعت زنگ دار
acordar, despertar (vt)	bidār kardan	بیدار کردن
acordar (vi)	bidār šodan	بیدار شدن
levantar-se (vr)	boland šodan	بلند شدن
lavar-se (vr)	dast-o ru šostan	دست و روشستن

61. Humor. Riso. Alegria

humor (m)	šuxi	شوخی
sentido (m) de humor	šux ta'bi	شوخ طبعی
divertir-se (vr)	šādi kardan	شادی کردن
alegre	šād	شاد
alegria (f)	šādi	شادی

sorriso (m)	labxand	لبخند
sorrir (vi)	labxand zadan	لبخند زدن
começar a rir	xandidan	خندیدن
rir (vi)	xandidan	خندیدن
riso (m)	xande	خنده

anedota (f)	latifo	لطیفه
engraçado	xande dār	خنده دار
ridículo	xande dār	خنده دار

brincar, fazer piadas	šuxi kardan	شوخی کردن
piada (f)	šuxi	شوخی
alegria (f)	šādi	شادی
regozijar-se (vr)	xošhāl šodan	خوشحال شدن
alegre	xošhāl	خوشحال

62. Discussão, conversação. Parte 1

| comunicação (f) | ertebāt | ارتباط |
| comunicar-se (vr) | ertebāt dāštan | ارتباط داشتن |

conversa (f)	mokāleme	مکالمه
diálogo (m)	goftogu	گفتگو
discussão (f)	mobāhese	مباحثه
debate (m)	mošājere	مشاجره
debater (vt)	mošājere kardan	مشاجره کردن

interlocutor (m)	ham soxan	هم سخن
tema (m)	mowzu'	موضوع
ponto (m) de vista	noqte nazar	نقطه نظر

| opinião (f) | nazar | نظر |
| discurso (m) | soxanrāni | سخنرانی |

discussão (f)	mozākere	مذاکره
discutir (vt)	bahs kardan	بحث کردن
conversa (f)	goftogu	گفتگو
conversar (vi)	goftogu kardan	گفتگو کردن
encontro (m)	didār	دیدار
encontrar-se (vr)	molāqāt kardan	ملاقات کردن

provérbio (m)	zarb-ol-masal	ضرب المثل
ditado (m)	zarb-ol-masal	ضرب المثل
adivinha (f)	mo'ammā	معما
dizer uma adivinha	mo'ammā matrah kardan	معما مطرح کردن
senha (f)	ramz	رمز
segredo (m)	rāz	راز

juramento (m)	sowgand	سوگند
jurar (vi)	sowgand xordan	سوگند خوردن
promessa (f)	va'de	وعده
prometer (vt)	qowl dādan	قول دادن

conselho (m)	nasihat	نصیحت
aconselhar (vt)	nasihat kardan	نصیحت کردن
seguir o conselho	nasihat-e kasi rā donbāl kardan	نصیحت کسی را دنبال کردن
escutar (~ os conselhos)	guš kardan	گوش کردن

novidade, notícia (f)	xabar	خبر
sensação (f)	hayajān	هیجان
informação (f)	ettelā'āt	اطلاعات
conclusão (f)	natije	نتیجه
voz (f)	sedā	صدا
elogio (m)	ta'rif	تعریف
amável	bā mohabbat	با محبت

palavra (f)	kalame	کلمه
frase (f)	ebārat	عبارت
resposta (f)	javāb	جواب

| verdade (f) | haqiqat | حقیقت |
| mentira (f) | doruq | دروغ |

pensamento (m)	fekr	فکر
ideia (f)	fekr	فکر
fantasia (f)	fāntezi	فانتزی

63. Discussão, conversação. Parte 2

estimado	mohtaram	محترم
respeitar (vt)	ehterām gozāštan	احترام گذاشتن
respeito (m)	ehterām	احترام
Estimado ..., Caro ...	gerāmi	گرامی
apresentar (vt)	mo'arrefi kardan	معرفی کردن

travar conhecimento	āšnā šodan	آشنا شدن
intenção (f)	qasd	قصد
tencionar (vt)	qasd dāštan	قصد داشتن
desejo (m)	ārezu	آرزو
desejar (ex. ~ boa sorte)	ārezu kardan	آرزو کردن
surpresa (f)	ta'ajjob	تعجب
surpreender (vt)	mote'ajjeb kardan	متعجب کردن
surpreender-se (vr)	mote'ajjeb šodan	متعجب شدن
dar (vt)	dādan	دادن
pegar (tomar)	bardāštan	برداشتن
devolver (vt)	bargardāndan	برگرداندن
retornar (vt)	pas dādan	پس دادن
desculpar-se (vr)	ozr xāstan	عذر خواستن
desculpa (f)	ozr xāhi	عذر خواهی
perdoar (vt)	baxšidan	بخشیدن
falar (vi)	harf zadan	حرف زدن
escutar (vt)	guš dādan	گوش دادن
ouvir até o fim	xub guš dādan	خوب گوش دادن
compreender (vt)	fahmidan	فهمیدن
mostrar (vt)	nešān dādan	نشان دادن
olhar para ...	negāh kardan	نگاه کردن
chamar (dizer em voz alta o nome)	sedā kardan	صدا کردن
distrair (vt)	mozāhem šodan	مزاحم شدن
perturbar (vt)	mozāhem šodan	مزاحم شدن
entregar (~ em mäoš)	dādan	دادن
pedido (m)	xāheš	خواهش
pedir (ex. ~ ajuda)	xāheš kardan	خواهش کردن
exigência (f)	taqāzā	تقاضا
exigir (vt)	darxāst kardan	درخواست کردن
chamar nomes (vt)	dast endāxtan	دست انداختن
zombar (vt)	masxare kardan	مسخره کردن
zombaria (f)	masxare	مسخره
alcunha (f)	laqab	لقب
insinuação (f)	kenāye	کنایه
insinuar (vt)	kenāye zadan	کنایه زدن
subentender (vt)	ma'ni dāštan	معنی داشتن
descrição (f)	towsif	توصیف
descrever (vt)	towsif kardan	توصیف کردن
elogio (m)	tahsin	تحسین
elogiar (vt)	tahsin kardan	تحسین کردن
desapontamento (m)	nāomidi	ناامیدی
desapontar (vt)	nāomid kardan	ناامید کردن
desapontar-se (vr)	nāomid šodan	ناامید شدن
suposição (f)	farz	فرض
supor (vt)	farz kardan	فرض کردن

| advertência (f) | extār | اخطار |
| advertir (vt) | extār dādan | اخطار دادن |

64. Discussão, conversação. Parte 3

| convencer (vt) | rāzi kardan | راضی کردن |
| acalmar (vt) | ārām kardan | آرام کردن |

silêncio (o ~ é de ouro)	sokut	سکوت
ficar em silêncio	sāket māndan	ساکت ماندن
sussurrar (vt)	najvā kardan	نجوا کردن
sussurro (m)	najvā	نجوا

| francamente | sādeqāne | صادقانه |
| a meu ver ... | be nazar-e man | به نظرمن |

detalhe (~ da história)	joz'iyāt	جزئیات
detalhado	mofassal	مفصل
detalhadamente	be tafsil	به تفصیل

| dica (f) | sarnax | سرنخ |
| dar uma dica | sarnax dādan | سرنخ دادن |

olhar (m)	nazar	نظر
dar uma vista de olhos	nazar andāxtan	نظر انداختن
fixo (olhar ~)	bi harekat	بی حرکت
piscar (vi)	pelk zadan	پلک زدن
pestanejar (vt)	češmak zadan	چشمک زدن
acenar (com a cabeça)	sar-e tekān dādan	سر تکان دادن

suspiro (m)	āh	آه
suspirar (vi)	āh kešidan	آه کشیدن
estremecer (vi)	larzidan	لرزیدن
gesto (m)	žest	ژست
tocar (com as mãos)	lams kardan	لمس کردن
agarrar (~ pelo braço)	gereftan	گرفتن
bater de leve	zadan	زدن

Cuidado!	movāzeb bāš!	مواظب باش!
A sério?	vāqe'an?	واقعأ؟
Tem certeza?	motmaenn-i?	مطمئنی؟
Boa sorte!	movaffaq bāšid!	موفق باشید!
Compreendi!	albate!	البته!
Que pena!	heyf!	حیف!

65. Acordo. Recusa

consentimento (~ mútuo)	movāfeqat	موافقت
consentir (vi)	movāfeqat kardan	موافقت کردن
aprovação (f)	ta'id	تایید
aprovar (vt)	ta'id kardan	تایید کردن
recusa (f)	emtenā'	امتناع

negar-se (vt)	rad kardan	رد کردن
Está ótimo!	āli	عالی
Muito bem!	xub	خوب
Está bem! De acordo!	besyār xob!	بسیارخوب!

proibido	mamnuʿ	ممنوع
é proibido	mamnuʿ ast	ممنوع است
é impossível	qeyr-e momken ast	غیر ممکن است
incorreto	nādorost	نادرست

rejeitar (~ um pedido)	rad kardan	رد کردن
apoiar (vt)	poštibāni kardan	پشتیبانی کردن
aceitar (desculpas, etc.)	qabul kardan	قبول کردن

confirmar (vt)	taʿyid kardan	تأیید کردن
confirmação (f)	taʿyid	تأیید
permissão (f)	ejāze	اجازه
permitir (vt)	ejāze dādan	اجازه دادن
decisão (f)	tasmim	تصمیم
não dizer nada	sokut kardan	سکوت کردن

condição (com uma ~)	šart	شرط
pretexto (m)	bahāne	بهانه
elogio (m)	tahsin	تحسین
elogiar (vt)	tahsin kardan	تحسین کردن

66. Sucesso. Boa sorte. Insucesso

êxito, sucesso (m)	movaffaqiyat	موفقیت
com êxito	bā movaffaqiyat	با موفقیت
bem sucedido	movaffaqiyat āmiz	موفقیت آمیز

sorte (fortuna)	šāns	شانس
Boa sorte!	movaffaq bāšid!	موفق باشید!
de sorte	šāns	شانس
sortudo, felizardo	xoš šāns	خوش شانس

fracasso (m)	nākāmi	ناکامی
pouca sorte (f)	bad šāns-i	بد شانسی
azar (m), má sorte (f)	bad šāns-i	بد شانسی

| mal sucedido | nā movaffaq | نا موفق |
| catástrofe (f) | fājeʿe | فاجعه |

orgulho (m)	eftexār	افتخار
orgulhoso	maqrur	مغرور
estar orgulhoso	eftexār kardan	افتخارکردن

vencedor (m)	barande	برنده
vencer (vi)	piruz šodan	پیروز شدن
perder (vt)	bāxtan	باختن
tentativa (f)	talāš	تلاش
tentar (vt)	talāš kardan	تلاش کردن
chance (m)	šāns	شانس

67. Conflitos. Emoções negativas

grito (m)	faryād	فرياد
gritar (vi)	faryād zadan	فرياد زدن
começar a gritar	faryād zadan	فرياد زدن

discussão (f)	da'vā	دعوا
discutir (vt)	da'vā kardan	دعوا كردن
escândalo (m)	mošājere	مشاجره
criar escândalo	janjāl kardan	جنجال كردن
conflito (m)	dargiri	درگيرى
mal-entendido (m)	su'-e tafāhom	سوء تفاهم

insulto (m)	towhin	توهين
insultar (vt)	towhin kardan	توهين كردن
insultado	towhin šode	توهين شده
ofensa (f)	ranješ	رنجش
ofender (vt)	ranjāndan	رنجاندن
ofender-se (vr)	ranjidan	رنجيدن

indignação (f)	xašm	خشم
indignar-se (vr)	xašmgin šodan	خشمگين شدن
queixa (f)	šekāyat	شكايت
queixar-se (vr)	šekāyat kardan	شكايت كردن

desculpa (f)	ozr xāhi	عذر خواهى
desculpar-se (vr)	ozr xāstan	عذر خواستن
pedir perdão	ozr xāstan	عذر خواستن

crítica (f)	enteqād	انتقاد
criticar (vt)	enteqād kardan	انتقاد كردن
acusação (f)	ettehām	اتهام
acusar (vt)	mottaham kardan	متهم كردن

vingança (f)	enteqām	انتقام
vingar (vt)	enteqām gereftan	انتقام گرفتن
vingar-se (vr)	talāfi darāvardan	تلافى درآوردن

desprezo (m)	tahqir	تحقير
desprezar (vt)	tahqir kardan	تحقير كردن
ódio (m)	nefrat	نفرت
odiar (vt)	motenaffer budan	متنفر بودن

nervoso	asabi	عصبى
estar nervoso	asabi šodan	عصبى شدن
zangado	xašmgin	خشمگين
zangar (vt)	xašmgin kardan	خشمگين كردن

humilhação (f)	tahqir	تحقير
humilhar (vt)	tahqir kardan	تحقير كردن
humilhar-se (vr)	tahqir šodan	تحقير شدن

choque (m)	šok	شوک
chocar (vt)	šokke kardan	شوکه كردن
aborrecimento (m)	moškel	مشكل

desagradável	nãxošāyand	ناخوشایند
medo (m)	tars	ترس
terrível (tempestade, etc.)	eftezāh	افتضاح
assustador (ex. história ~a)	vahšatnāk	وحشتناک
horror (m)	vahšat	وحشت
horrível (crime, etc.)	vahšat āvar	وحشت آور

começar a tremer	larzidan	لرزیدن
chorar (vi)	gerye kardan	گریه کردن
começar a chorar	gerye sar dādan	گریه سر دادن
lágrima (f)	ašk	اشک

falta (f)	taqsir	تقصیر
culpa (f)	gonāh	گناه
desonra (f)	ār	عار
protesto (m)	e'terāz	اعتراض
stresse (m)	fešār	فشار

perturbar (vt)	mozāhem šodan	مزاحم شدن
zangar-se com ...	xašmgin budan	خشمگین بودن
zangado	xašmgin	خشمگین
terminar (vt)	qat' kardan	قطع کردن
praguejar	fohš dādan	فحش دادن

assustar-se	tarsidan	ترسیدن
golpear (vt)	zadan	زدن
brigar (na rua, etc.)	zad-o-xord kardan	زد و خورد کردن

resolver (o conflito)	hal-o-fasl kardan	حل و فصل کردن
descontente	nārāzi	ناراضی
furiosó	qazabnāk	غضبناک

| Não está bem! | xub nist! | خوب نیست! |
| É mau! | bad ast! | بد است! |

Medicina

68. Doenças

doença (f)	bimāri	بیماری
estar doente	bimār budan	بیمار بودن
saúde (f)	salāmati	سلامتی

nariz (m) a escorrer	āb-e rizeš-e bini	آب ریزش بینی
amigdalite (f)	varam-e lowze	ورم لوزه
constipação (f)	sarmā xordegi	سرما خوردگی
constipar-se (vr)	sarmā xordan	سرما خوردن

bronquite (f)	boronšit	برنشیت
pneumonia (f)	zātorrie	ذات الریه
gripe (f)	ānfolānzā	آنفولانزا

míope	nazdik bin	نزدیک بین
presbita	durbin	دوربین
estrabismo (m)	enherāf-e čašm	انحراف چشم
estrábico	luč	لوچ
catarata (f)	āb morvārid	آب مروارید
glaucoma (m)	ab-e siyāh	آب سیاه

AVC (m), apoplexia (f)	sekte-ye maqzi	سکته مغزی
ataque (m) cardíaco	sekte-ye qalbi	سکته قلبی
enfarte (m) do miocárdio	ānfārktus	آنفارکتوس
paralisia (f)	falaji	فلجی
paralisar (vt)	falj kardan	فلج کردن

alergia (f)	ālerži	آلرژی
asma (f)	āsm	آسم
diabetes (f)	diyābet	دیابت

dor (f) de dentes	dandān-e dard	دندان درد
cárie (f)	pusidegi	پوسیدگی

diarreia (f)	eshāl	اسهال
prisão (f) de ventre	yobusat	یبوست
desarranjo (m) intestinal	nārāhati-ye me'de	ناراحتی معده
intoxicação (f) alimentar	masmumiyat	مسمومیت
intoxicar-se	masmum šodan	مسموم شدن

artrite (f)	varam-e mafāsel	ورم مفاصل
raquitismo (m)	rāšitism	راشیتیسم
reumatismo (m)	romātism	روماتیسم
arteriosclerose (f)	tasallob-e šarāin	تصلب شرائین

gastrite (f)	varam-e me'de	ورم معده
apendicite (f)	āpāndisit	آپاندیسیت

colecistite (f)	eltehāb-e kise-ye safrā	التهاب کیسه صفرا
úlcera (f)	zaxm	زخم

sarampo (m)	sorxak	سرخک
rubéola (f)	sorxje	سرخجه
iterícia (f)	yaraqān	یرقان
hepatite (f)	hepātit	هپاتیت

esquizofrenia (f)	šizoferni	شیزوفرنی
raiva (f)	hāri	هاری
neurose (f)	extelāl-e a'sāb	اختلال اعصاب
comoção (f) cerebral	zarbe-ye maqzi	ضربه مغزی

cancro (m)	saratān	سرطان
esclerose (f)	eskeleroz	اسکلروز
esclerose (f) múltipla	eskeleroz čandgāne	اسکلروز چندگانه

alcoolismo (m)	alkolism	الکلیسم
alcoólico (m)	alkoli	الکلی
sífilis (f)	siflis	سیفلیس
SIDA (f)	eydz	ایدز

tumor (m)	tumor	تومور
maligno	bad xim	بد خیم
benigno	xoš xim	خوش خیم

febre (f)	tab	تب
malária (f)	mālāriyā	مالاریا
gangrena (f)	qānqāriyā	قانقاریا
enjoo (m)	daryā-zadegi	دریازدگی
epilepsia (f)	sar'	صرع

epidemia (f)	epidemi	اپیدمی
tifo (m)	hasbe	حصبه
tuberculose (f)	sel	سل
cólera (f)	vabā	وبا
peste (f)	tā'un	طاعون

69. Sintomas. Tratamentos. Parte 1

sintoma (m)	alāem-e bimāri	علائم بیماری
temperatura (f)	damā	دما
febre (f)	tab	تب
pulso (m)	nabz	نبض

vertigem (f)	sargije	سرگیجه
quente (testa, etc.)	dāq	داغ
calafrio (m)	ra'še	رعشه
pálido	rang paride	رنگ پریده

tosse (f)	sorfe	سرفه
tossir (vi)	sorfe kardan	سرفه کردن
espirrar (vi)	atse kardan	عطسه کردن
desmaio (m)	qaš	غش

desmaiar (vi)	qaš kardan	غش کردن
nódoa (f) negra	kabudi	کبودی
galo (m)	barãmadegi	برآمدگی
magoar-se (vr)	barxord kardan	برخورد کردن
pisadura (f)	kuftegi	کوفتگی
aleijar-se (vr)	zarb didan	ضرب دیدن

coxear (vi)	langidan	لنگیدن
deslocação (f)	dar raftegi	دررفتگی
deslocar (vt)	dar raftan	دررفتن
fratura (f)	šekastegi	شکستگی
fraturar (vt)	dočãr-e šekastegi šodan	دچار شکستگی شدن

corte (m)	boridegi	بریدگی
cortar-se (vr)	boridan	بریدن
hemorragia (f)	xunrizi	خونریزی

| queimadura (f) | suxtegi | سوختگی |
| queimar-se (vr) | dočãr-e suxtegi šodan | دچار سوختگی شدن |

picar (vt)	surãx kardan	سوراخ کردن
picar-se (vr)	surãx kardan	سوراخ کردن
lesionar (vt)	ãsib resãndan	آسیب رساندن
lesão (m)	zaxm	زخم
ferida (f), ferimento (m)	zaxm	زخم
trauma (m)	zarbe	ضربه

delirar (vi)	hazyãn goftan	هذیان گفتن
gaguejar (vi)	loknat dãštan	لکنت داشتن
insolação (f)	ãftãb-zadegi	آفتابزدگی

70. Sintomas. Tratamentos. Parte 2

| dor (f) | dard | درد |
| farpa (no dedo) | xãr | خار |

suor (m)	araq	عرق
suar (vi)	araq kardan	عرق کردن
vómito (m)	estefrãq	استفراغ
convulsões (f pl)	tašannoj	تشنج

grávida	bãrdãr	باردار
nascer (vi)	motevalled šodan	متولد شدن
parto (m)	vaz'-e haml	وضع حمل
dar à luz	be donyã ãvardan	به دنیا آوردن
aborto (m)	seqt-e janin	سقط جنین

respiração (f)	tanaffos	تنفس
inspiração (f)	estenšãq	استنشاق
expiração (f)	bãzdam	بازدم
expirar (vi)	bãzdamidan	بازدمیدن
inspirar (vi)	nafas kešidan	نفس کشیدن
inválido (m)	ma'lul	معلول
aleijado (m)	falaj	فلج

toxicodependente (m)	mo'tād	معتاد
surdo	kar	کر
mudo	lāl	لال
surdo-mudo	kar-o lāl	کر و لال

louco (adj.)	divāne	دیوانه
louco (m)	divāne	دیوانه
louca (f)	divāne	دیوانه
ficar louco	divāne šodan	دیوانه شدن

gene (m)	žen	ژن
imunidade (f)	masuniyat	مصونیت
hereditário	mowrusi	موروثی
congénito	mādarzād	مادرزاد

vírus (m)	virus	ویروس
micróbio (m)	mikrob	میکروب
bactéria (f)	bākteri	باکتری
infeção (f)	ofunat	عفونت

71. Sintomas. Tratamentos. Parte 3

| hospital (m) | bimārestān | بیمارستان |
| paciente (m) | bimār | بیمار |

diagnóstico (m)	tašxis	تشخیص
cura (f)	mo'āleje	معالجه
tratamento (m) médico	darmān	درمان
curar-se (vr)	darmān šodan	درمان شدن
tratar (vt)	mo'āleje kardan	معالجه کردن
cuidar (pessoa)	parastāri kardan	پرستاری کردن
cuidados (m pl)	parastāri	پرستاری

operação (f)	amal-e jarrāhi	عمل جراحی
enfaixar (vt)	pānsemān kardan	پانسمان کردن
enfaixamento (m)	pānsemān	پانسمان

vacinação (f)	vāksināsyon	واکسیناسیون
vacinar (vt)	vāksine kardan	واکسینه کردن
injeção (f)	tazriq	تزریق
dar uma injeção	tazriq kardan	تزریق کردن

ataque (~ de asma, etc.)	hamle	حمله
amputação (f)	qat'-e ozv	قطع عضو
amputar (vt)	qat' kardan	قطع کردن
coma (f)	komā	کما
estar em coma	dar komā budan	در کما بودن
reanimação (f)	morāqebat-e viže	مراقبت ویژه

recuperar-se (vr)	behbud yāftan	بهبود یافتن
estado (~ de saúde)	hālat	حالت
consciência (f)	huš	هوش
memória (f)	hāfeze	حافظه
tirar (vt)	dandān kešidan	دندان کشیدن

| chumbo (m), obturação (f) | por kardan | پر کردن |
| chumbar, obturar (vt) | por kardan | پر کردن |

| hipnose (f) | hipnotizm | هیپنوتیزم |
| hipnotizar (vt) | hipnotizm kardan | هیپنوتیزم کردن |

72. Médicos

médico (m)	pezešk	پزشک
enfermeira (f)	parastār	پرستار
médico (m) pessoal	pezešk-e šaxsi	پزشک شخصی

dentista (m)	dandān pezešk	دندان پزشک
oculista (m)	češm-pezešk	چشم پزشک
terapeuta (m)	pezešk omumi	پزشک عمومی
cirurgião (m)	jarrāh	جراح

psiquiatra (m)	ravānpezešk	روانپزشک
pediatra (m)	pezešk-e kudakān	پزشک کودکان
psicólogo (m)	ravānšenās	روانشناس
ginecologista (m)	motexasses-e zanān	متخصص زنان
cardiologista (m)	motexasses-e qalb	متخصص قلب

73. Medicina. Drogas. Acessórios

medicamento (m)	dāru	دارو
remédio (m)	darmān	درمان
receitar (vt)	tajviz kardan	تجویز کردن
receita (f)	nosxe	نسخه

comprimido (m)	qors	قرص
pomada (f)	pomād	پماد
ampola (f)	āmpul	آمپول
preparado (m)	šarbat	شربت
xarope (m)	šarbat	شربت
cápsula (f)	kapsul	کپسول
remédio (m) em pó	pudr	پودر

ligadura (f)	bānd	باند
algodão (m)	panbe	پنبه
iodo (m)	yod	ید

penso (m) rápido	časb-e zaxm	چسب زخم
conta-gotas (m)	qatre čekān	قطره چکان
termómetro (m)	damāsanj	دماسنج
seringa (f)	sorang	سرنگ

| cadeira (f) de rodas | vilčer | ویلچر |
| muletas (f pl) | čub zir baqal | چوب زیر بغل |

| analgésico (m) | mosaken | مسکن |
| laxante (m) | moshel | مسهل |

álcool (m) etílico	alkol	الكل
ervas (f pl) medicinais	giyāhān-e dāruyi	گیاهان دارویی
de ervas (chá ~)	giyāhi	گیاهی

74. Fumar. Produtos tabágicos

tabaco (m)	tutun	توتون
cigarro (m)	sigār	سیگار
charuto (m)	sigār	سیگار
cachimbo (m)	pip	پیپ
maço (~ de cigarros)	baste	بسته

fósforos (m pl)	kebrit	کبریت
caixa (f) de fósforos	quti-ye kebrit	قوطی کبریت
isqueiro (m)	fandak	فندک
cinzeiro (m)	zir-sigāri	زیرسیگاری
cigarreira (f)	quti-ye sigār	قوطی سیگار

boquilha (f)	čub-e sigār	چوب سیگار
filtro (m)	filter	فیلتر

fumar (vi, vt)	sigār kešidan	سیگار کشیدن
acender um cigarro	sigār rowšan kardan	سیگار روشن کردن
tabagismo (m)	sigār kešidan	سیگار کشیدن
fumador (m)	sigāri	سیگاری

beata (f)	tah-e sigār	ته سیگار
fumo (m)	dud	دود
cinza (f)	xākestar	خاکستر

HABITAT HUMANO

Cidade

75. Cidade. Vida na cidade

cidade (f)	šahr	شهر
capital (f)	pāytaxt	پایتخت
aldeia (f)	rustā	روستا
mapa (m) da cidade	naqše-ye šahr	نقشهٔ شهر
centro (m) da cidade	markaz-e šahr	مرکز شهر
subúrbio (m)	hume-ye šahr	حومهٔ شهر
suburbano	hume-ye šahr	حومهٔ شهر
periferia (f)	hume	حومه
arredores (m pl)	hume	حومه
quarteirão (m)	mahalle	محله
quarteirão (m) residencial	mahalle-ye maskuni	محلهٔ مسکونی
tráfego (m)	obur-o morur	عبور و مرور
semáforo (m)	čerāq-e rāhnamā	چراغ راهنما
transporte (m) público	haml-o naql-e šahri	حمل و نقل شهری
cruzamento (m)	čahārrāh	چهارراه
passadeira (f)	xatt-e āber-e piyāde	خط عابرپیاده
passagem (f) subterrânea	zir-e gozar	زیر گذر
cruzar, atravessar (vt)	obur kardan	عبور کردن
peão (m)	piyāde	پیاده
passeio (m)	piyāde row	پیاده رو
ponte (f)	pol	پل
margem (f) do rio	xiyābān-e sāheli	خیابان ساحلی
fonte (f)	češme	چشمه
alameda (f)	bāq rāh	باغ راه
parque (m)	pārk	پارک
bulevar (m)	bolvār	بولوار
praça (f)	meydān	میدان
avenida (f)	xiyābān	خیابان
rua (f)	xiyābān	خیابان
travessa (f)	kuče	کوچه
beco (m) sem saída	bon bast	بن بست
casa (f)	xāne	خانه
edifício, prédio (m)	sāxtemān	ساختمان
arranha-céus (m)	āsemānxarāš	آسمانخراش
fachada (f)	namā	نما
telhado (m)	bām	بام

janela (f)	panjere	پنجره
arco (m)	tāq-e qowsi	طاق قوسی
coluna (f)	sotun	ستون
esquina (f)	nabš	نبش

montra (f)	vitrin	ویترین
letreiro (m)	tāblo	تابلو
cartaz (m)	poster	پوستر
cartaz (m) publicitário	poster-e tabliqāti	پوستر تبلیغاتی
painel (m) publicitário	bilbord	بیلبورد

lixo (m)	āšqāl	آشغال
cesta (f) do lixo	satl-e āšqāl	سطل آشغال
jogar lixo na rua	kasif kardan	کثیف کردن
aterro (m) sanitário	jā-ye dafn-e āšqāl	جای دفن آشغال

cabine (f) telefónica	kābin-e telefon	کابین تلفن
candeeiro (m) de rua	tir-e barq	تیر برق
banco (m)	nimkat	نیمکت

polícia (m)	polis	پلیس
polícia (instituição)	polis	پلیس
mendigo (m)	gedā	گدا
sem-abrigo (m)	bi xānomān	بی خانمان

76. Instituições urbanas

loja (f)	maqāze	مغازه
farmácia (f)	dāruxāne	داروخانه
ótica (f)	eynak foruši	عینک فروشی
centro (m) comercial	markaz-e tejāri	مرکز تجاری
supermercado (m)	supermārket	سوپرمارکت

padaria (f)	nānvāyi	نانوایی
padeiro (m)	nānvā	نانوا
pastelaria (f)	qannādi	قنادی
mercearia (f)	baqqāli	بقالی
talho (m)	gušt foruši	گوشت فروشی

| loja (f) de legumes | sabzi foruši | سبزی فروشی |
| mercado (m) | bāzār | بازار |

café (m)	kāfe	کافه
restaurante (m)	resturān	رستوران
bar (m), cervejaria (f)	bār	بار
pizzaria (f)	pitzā-foruši	پیتزا فروشی

salão (m) de cabeleireiro	ārāyešgāh	آرایشگاه
correios (m pl)	post	پست
lavandaria (f)	xošk-šuyi	خشکشویی
estúdio (m) fotográfico	ātolye-ye akkāsi	آتلیۀ عکاسی

| sapataria (f) | kafš foruši | کفش فروشی |
| livraria (f) | ketāb-foruši | کتاب فروشی |

loja (f) de artigos de desporto	maqāze-ye varzeši	مغازهٔ ورزشی
reparação (f) de roupa	ta'mir-e lebās	تعمیر لباس
aluguer (m) de roupa	kerāye-ye lebās	کرایهٔ لباس
aluguer (m) de filmes	kerāye-ye film	کرایهٔ فیلم

circo (m)	sirak	سیرک
jardim (m) zoológico	bāq-e vahš	باغ وحش
cinema (m)	sinamā	سینما
museu (m)	muze	موزه
biblioteca (f)	ketābxāne	کتابخانه

teatro (m)	teātr	تئاتر
ópera (f)	operā	اپرا
clube (m) noturno	kābāre	کاباره
casino (m)	kāzino	کازینو

mesquita (f)	masjed	مسجد
sinagoga (f)	kenešt	کنشت
catedral (f)	kelisā-ye jāme'	کلیسای جامع
templo (m)	ma'bad	معبد
igreja (f)	kelisā	کلیسا

instituto (m)	anistito	انستیتو
universidade (f)	dānešgāh	دانشگاه
escola (f)	madrese	مدرسه

prefeitura (f)	ostāndāri	استانداری
câmara (f) municipal	šahrdāri	شهرداری
hotel (m)	hotel	هتل
banco (m)	bānk	بانک

embaixada (f)	sefārat	سفارت
agência (f) de viagens	āžāns-e jahāngardi	آژانس جهانگردی
agência (f) de informações	daftar-e ettelāāt	دفتر اطلاعات
casa (f) de câmbio	sarrāfi	صرافی

metro (m)	metro	مترو
hospital (m)	bimārestān	بیمارستان

posto (m) de gasolina	pomp-e benzin	پمپ بنزین
parque (m) de estacionamento	pārking	پارکینگ

77. Transportes urbanos

autocarro (m)	otobus	اتوبوس
elétrico (m)	terāmvā	تراموا
troleicarro (m)	otobus-e barqi	اتوبوس برقی
itinerário (m)	xat	خط
número (m)	šomāre	شماره

ir de ... (carro, etc.)	raftan bā	رفتن با
entrar (~ no autocarro)	savār šodan	سوار شدن
descer de ...	piyāde šodan	پیاده شدن
paragem (f)	istgāh-e otobus	ایستگاه اتوبوس

próxima paragem (f)	istgãh-e ba'di	ایستگاه بعدی
ponto (m) final	istgãh-e äxar	ایستگاه آخر
horário (m)	barnãme	برنامه
esperar (vt)	montazer budan	منتظر بودن

bilhete (m)	belit	بلیط
custo (m) do bilhete	qeymat-e belit	قیمت بلیت

bilheteiro (m)	sanduqdãr	صندوقدار
controlo (m) dos bilhetes	kontorol-e belit	کنترل بلیط
revisor (m)	kontorol či	کنترل چی

atrasar-se (vr)	ta'xir dãštan	تأخیرداشتن
perder (o autocarro, etc.)	az dast dãdan	از دست دادن
estar com pressa	ajale kardan	عجله کردن

táxi (m)	tãksi	تاکسی
taxista (m)	rãnande-ye tãksi	راننده تاکسی
de táxi (ir ~)	bã tãksi	با تاکسی
praça (f) de táxis	istgãh-e tãksi	ایستگاه تاکسی
chamar um táxi	tãksi gereftan	تاکسی گرفتن
apanhar um táxi	tãksi gereftan	تاکسی گرفتن

tráfego (m)	obur-o morur	عبور و مرور
engarrafamento (m)	terãfik	ترافیک
horas (f pl) de ponta	sã'at-e šoluqi	ساعت شلوغی
estacionar (vi)	pãrk kardan	پارک کردن
estacionar (vt)	pãrk kardan	پارک کردن
parque (m) de estacionamento	pãrking	پارکینگ

metro (m)	metro	مترو
estação (f)	istgãh	ایستگاه
ir de metro	bã metro raftan	با مترو رفتن
comboio (m)	qatãr	قطار
estação (f)	istgãh-e rãh-e ãhan	ایستگاه راه آهن

78. Turismo

monumento (m)	mojassame	مجسمه
fortaleza (f)	qal'e	قلعه
palácio (m)	kãx	کاخ
castelo (m)	qal'e	قلعه
torre (f)	borj	برج
mausoléu (m)	ãrãmgãh	آرامگاه

arquitetura (f)	me'mãri	معماری
medieval	qorun-e vasati	قرون وسطی
antigo	qadimi	قدیمی
nacional	melli	ملی
conhecido	mašhur	مشهور

turista (m)	turist	توریست
guia (pessoa)	rãhnamã-ye tur	راهنمای تور
excursão (f)	gardeš	گردش

| mostrar (vt) | nešān dādan | نشان دادن |
| contar (vt) | hekāyat kardan | حکایت کردن |

encontrar (vt)	peydā kardan	پیدا کردن
perder-se (vr)	gom šodan	گم شدن
mapa (~ do metrô)	naqše	نقشه
mapa (~ da cidade)	naqše	نقشه

lembrança (f), presente (m)	sowqāti	سوغاتی
loja (f) de presentes	forušgāh-e sowqāti	فروشگاه سوغاتی
fotografar (vt)	aks gereftan	عکس گرفتن
fotografar-se	aks gereftan	عکس گرفتن

79. Compras

comprar (vt)	xarid kardan	خرید کردن
compra (f)	xarid	خرید
fazer compras	xarid kardan	خرید کردن
compras (f pl)	xarid	خرید

| estar aberta (loja, etc.) | bāz budan | باز بودن |
| estar fechada | baste budan | بسته بودن |

calçado (m)	kafš	کفش
roupa (f)	lebās	لباس
cosméticos (m pl)	lavāzem-e ārāyeši	لوازم آرایشی
alimentos (m pl)	mavādd-e qazāyi	مواد غذایی
presente (m)	hedye	هدیه

| vendedor (m) | forušande | فروشنده |
| vendedora (f) | forušande-ye zan | فروشنده زن |

caixa (f)	sanduq	صندوق
espelho (m)	āyene	آینه
balcão (m)	pišxān	پیشخوان
cabine (f) de provas	otāq porov	اتاق پرو

provar (vt)	emtehān kardan	امتحان کردن
servir (vi)	monāseb budan	مناسب بودن
gostar (apreciar)	dust dāštan	دوست داشتن

preço (m)	qeymat	قیمت
etiqueta (f) de preço	barčasb-e qeymat	برچسب قیمت
custar (vt)	qeymat dāštan	قیمت داشتن
Quanto?	čeqadr?	چقدر؟
desconto (m)	taxfif	تخفیف

não caro	arzān	ارزان
barato	arzān	ارزان
caro	gerān	گران
É caro	gerān ast	گران است

| aluguer (m) | kerāye | کرایه |
| alugar (vestidos, etc.) | kerāye kardan | کرایه کردن |

| crédito (m) | vām | وام |
| a crédito | xarid-e e'tebāri | خرید اعتباری |

80. Dinheiro

dinheiro (m)	pul	پول
câmbio (m)	tabdil-e arz	تبدیل ارز
taxa (f) de câmbio	nerx-e arz	نرخ ارز
Caixa Multibanco (m)	xodpardāz	خودپرداز
moeda (f)	sekke	سکه

| dólar (m) | dolār | دلار |
| euro (m) | yuro | یورو |

lira (f)	lire	لیره
marco (m)	mārk	مارک
franco (m)	farānak	فرانک
libra (f) esterlina	pond-e esterling	پوند استرلینگ
iene (m)	yen	ین

dívida (f)	qarz	قرض
devedor (m)	bedehkār	بدهکار
emprestar (vt)	qarz dādan	قرض دادن
pedir emprestado	qarz gereftan	قرض گرفتن

banco (m)	bānk	بانک
conta (f)	hesāb-e bānki	حساب بانکی
depositar (vt)	rixtan	ریختن
depositar na conta	be hesāb rixtan	به حساب ریختن
levantar (vt)	az hesāb bardāštan	از حساب برداشتن

cartão (m) de crédito	kārt-e e'tebāri	کارت اعتباری
dinheiro (m) vivo	pul-e naqd	پول نقد
cheque (m)	ček	چک
passar um cheque	ček neveštan	چک نوشتن
livro (m) de cheques	daste-ye ček	دسته چک

carteira (f)	kif-e pul	کیف پول
porta-moedas (m)	kif-e pul	کیف پول
cofre (m)	gāvsanduq	گاوصندوق

herdeiro (m)	vāres	وارث
herança (f)	mirās	میراث
fortuna (riqueza)	dārāyi	دارایی

arrendamento (m)	ejāre	اجاره
renda (f) de casa	kerāye-ye xāne	کرایه خانه
alugar (vt)	ejāre kardan	اجاره کردن

preço (m)	qeymat	قیمت
custo (m)	arzeš	ارزش
soma (f)	jam'-e kol	جمع کل
gastar (vt)	xarj kardan	خرج کردن
gastos (m pl)	maxārej	مخارج

| economizar (vi) | sarfeju-yi kardan | صرفه جویی کردن |
| economico | maqrun besarfe | مقرون به صرفه |

pagar (vt)	pardāxtan	پرداختن
pagamento (m)	pardāxt	پرداخت
troco (m)	pul-e xerad	پول خرد

imposto (m)	māliyāt	مالیات
multa (f)	jarime	جریمه
multar (vt)	jarime kardan	جریمه کردن

81. Correios. Serviço postal

correios (m pl)	post	پست
correio (m)	post	پست
carteiro (m)	nāme resān	نامه رسان
horário (m)	sāʿathā-ye kāri	ساعت های کاری

carta (f)	nāme	نامه
carta (f) registada	nāme-ye sefāreši	نامه سفارشی
postal (m)	kārt-e postāl	کارت پستال
telegrama (m)	telegrām	تلگرام
encomenda (f) postal	baste posti	بسته پستی
remessa (f) de dinheiro	havāle	حواله

receber (vt)	gereftan	گرفتن
enviar (vt)	ferestādan	فرستادن
envio (m)	ersāl	ارسال

endereço (m)	nešāni	نشانی
código (m) postal	kod-e posti	کد پستی
remetente (m)	ferestande	فرستنده
destinatário (m)	girande	گیرنده

| nome (m) | esm | اسم |
| apelido (m) | nām-e xānevādegi | نام خانوادگی |

tarifa (f)	taʿrefe	تعرفه
ordinário	ādi	عادی
economico	ādi	عادی

peso (m)	vazn	وزن
pesar (estabelecer o peso)	vazn kardan	وزن کردن
envelope (m)	pākat	پاکت
selo (m)	tambr	تمبر
colar o selo	tamr zadan	تمبر زدن

Moradia. Casa. Lar

82. Casa. Habitação

casa (f)	xāne	خانه
em casa	dar xāne	در خانه
pátio (m)	hayāt	حیاط
cerca (f)	hesār	حصار
tijolo (m)	ājor	آجر
de tijolos	ājori	آجری
pedra (f)	sang	سنگ
de pedra	sangi	سنگی
betão (m)	boton	بتن
de betão	botoni	بتنی
novo	jadid	جدید
velho	qadimi	قدیمی
decrépito	maxrube	مخروبه
moderno	modern	مدرن
de muitos andares	čandtabaqe	چندطبقه
alto	boland	بلند
andar (m)	tabaqe	طبقه
de um andar	yek tabaqe	یک طبقه
andar (m) de baixo	tabaqe-ye pāin	طبقۀ پائین
andar (m) de cima	tabaqe-ye bālā	طبقۀ بالا
telhado (m)	bām	بام
chaminé (f)	dudkeš	دودکش
telha (f)	saqf-e kazeb	سقف کاذب
de telha	sofāli	سفالی
sótão (m)	zir-širvāni	زیرشیروانی
janela (f)	panjere	پنجره
vidro (m)	šiše	شیشه
parapeito (m)	tāqče-ye panjare	طاقچۀ پنجره
portadas (f pl)	kerkere	کرکره
parede (f)	divār	دیوار
varanda (f)	bālkon	بالکن
tubo (m) de queda	nāvdān	ناودان
em cima	bālā	بالا
subir (~ as escadas)	bālā raftan	بالا رفتن
descer (vi)	pāyin āmadan	پایین آمدن
mudar-se (vr)	asbābkeši kardan	اسباب کشی کردن

83. Casa. Entrada. Elevador

Português	Transliteração	Persa
entrada (f)	darb-e vorudi	درب ورودی
escada (f)	pellekān	پلکان
degraus (m pl)	pelle-hā	پله ها
corrimão (m)	narde	نرده
hall (m) de entrada	lābi	لابی
caixa (f) de correio	sanduq-e post	صندوق پست
caixote (m) do lixo	zobāle dān	زباله دان
conduta (f) do lixo	šuting zobale	شوتینگ زباله
elevador (m)	āsānsor	آسانسور
elevador (m) de carga	bālābar	بالابر
cabine (f)	kābin-e āsānsor	کابین آسانسور
pegar o elevador	āsānsor gereftan	آسانسور گرفتن
apartamento (m)	āpārtemān	آپارتمان
moradores (m pl)	sākenān	ساکنان
vizinho (m)	hamsāye	همسایه
vizinha (f)	hamsāye	همسایه
vizinhos (pl)	hamsāye-hā	همسایه ها

84. Casa. Portas. Fechaduras

Português	Transliteração	Persa
porta (f)	darb	درب
portão (m)	darvāze	دروازه
maçaneta (f)	dastgire-ye dar	دستگیرهٔ در
destrancar (vt)	bāz kardan	باز کردن
abrir (vt)	bāz kardan	باز کردن
fechar (vt)	bastan	بستن
chave (f)	kelid	کلید
molho (m)	daste	دسته
ranger (vi)	qežqež kardan	غژغژ کردن
rangido (m)	qež qež	غژ غژ
dobradiça (f)	lowlā	لولا
tapete (m) de entrada	pādari	پادری
fechadura (f)	qofl	قفل
buraco (m) da fechadura	surāx kelid	سوراخ کلید
ferrolho (m)	kolun-e dar	کلون در
fecho (ferrolho pequeno)	čeft	چفت
cadeado (m)	qofl	قفل
tocar (vt)	zang zadan	زنگ زدن
toque (m)	zang	زنگ
campainha (f)	zang-e dar	زنگ در
botão (m)	zang	زنگ
batida (f)	dar zadan	درزدن
bater (vi)	dar zadan	درزدن
código (m)	kod	کد
fechadura (f) de código	qofl-e ramz dār	قفل رمز دار

telefone (m) de porta	āyfon	آیفون
número (m)	pelāk-e manzel	پلاک منزل
placa (f) de porta	pelāk	پلاک
vigia (f), olho (m) mágico	češmi	چشمی

85. Casa de campo

aldeia (f)	rustā	روستا
horta (f)	jāliz	جالیز
cerca (f)	parčin	پرچین
paliçada (f)	hesār	حصار
cancela (f) do jardim	darvāze	دروازه
celeiro (m)	anbār	انبار
adega (f)	zirzamin	زیرزمین
galpão, barracão (m)	ālonak	آلونک
poço (m)	čāh	چاه
fogão (m)	boxāri	بخاری
atiçar o fogo	rowšan kardan-e boxāri	روشن کردن بخاری
lenha (carvão ou ~)	hizom	هیزم
acha (lenha)	kande-ye čub	کندۀ چوب
varanda (f)	eyvān-e sarpušide	ایوان سرپوشیده
alpendre (m)	terās	تراس
degraus (m pl) de entrada	vorudi-e xāne	ورودی خانه
balouço (m)	tāb	تاب

86. Castelo. Palácio

castelo (m)	qal'e	قلعه
palácio (m)	kāx	کاخ
fortaleza (f)	qal'e	قلعه
muralha (f)	divār	دیوار
torre (f)	borj	برج
calabouço (m)	borj-e asli	برج اصلی
grade (f) levadiça	darb-e kešowyi	درب کشویی
passagem (f) subterrânea	rāh-e zirzamini	راه زیرزمینی
fosso (m)	xandaq	خندق
corrente, cadeia (f)	zanjir	زنجیر
seteira (f)	mazqal	مزغل
magnífico	mojallal	مجلل
majestoso	bāšokuh	باشکوه
inexpugnável	nofoz nāpazir	نفوذ ناپذیر
medieval	qorun-e vasati	قرون وسطی

87. Apartamento

apartamento (m)	āpārtemān	آپارتمان
quarto (m)	otāq	اتاق
quarto (m) de dormir	otāq-e xāb	اتاق خواب
sala (f) de jantar	otāq-e qazāxori	اتاق غذاخوری
sala (f) de estar	mehmānxāne	مهمانخانه
escritório (m)	daftar	دفتر
antessala (f)	tālār-e vorudi	تالار ورودی
quarto (m) de banho	hammām	حمام
toilette (lavabo)	tuālet	توالت
teto (m)	saqf	سقف
chão, soalho (m)	kaf	کف
canto (m)	guše	گوشه

88. Apartamento. Limpeza

arrumar, limpar (vt)	tamiz kardan	تمیز کردن
guardar (no armário, etc.)	morattab kardan	مرتب کردن
pó (m)	gard	گرد
empoeirado	gard ālud	گرد آلود
limpar o pó	gardgiri kardan	گردگیری کردن
aspirador (m)	jāru barqi	جارو برقی
aspirar (vt)	jāru barq-i kešidan	جارو برقی کشیدن
varrer (vt)	jāru kardan	جارو کردن
sujeira (f)	āšqāl	آشغال
arrumação (f), ordem (f)	nazm	نظم
desordem (f)	bi nazmi	بی نظمی
esfregão (m)	jāru-ye dastedār	جاروی دسته دار
pano (m), trapo (m)	kohne	کهنه
vassoura (f)	jārub	جاروب
pá (f) de lixo	xāk andāz	خاک انداز

89. Mobiliário. Interior

mobiliário (m)	mobl	مبل
mesa (f)	miz	میز
cadeira (f)	sandali	صندلی
cama (f)	taxt-e xāb	تخت خواب
divã (m)	kānāpe	کاناپه
cadeirão (m)	mobl-e rāhati	مبل راحتی
estante (f)	qafase-ye ketāb	قفسه کتاب
prateleira (f)	qafase	قفسه
guarda-vestidos (m)	komod	کمد
cabide (m) de parede	raxt āviz	رخت آویز

cabide (m) de pé	čub lebāsi	چوب لباسی
cómoda (f)	komod	کمد
mesinha (f) de centro	miz-e pišdasti	میز پیشدستی

espelho (m)	āyene	آینه
tapete (m)	farš	فرش
tapete (m) pequeno	qāliče	قالیچه

lareira (f)	šumine	شومینه
vela (f)	šam'	شمع
castiçal (m)	šam'dān	شمعدان

cortinas (f pl)	parde	پرده
papel (m) de parede	kāqaz-e divāri	کاغذ دیواری
estores (f pl)	kerkere	کرکره

candeeiro (m) de mesa	čerāq-e rumizi	چراغ رومیزی
candeeiro (m) de parede	čerāq-e divāri	چراغ دیواری
candeeiro (m) de pé	ābāžur	آباژور
lustre (m)	luster	لوستر

pé (de mesa, etc.)	pāye	پایه
braço (m)	daste-ye sandali	دستهٔ صندلی
costas (f pl)	pošti	پشتی
gaveta (f)	kešow	کشو

90. Quarto de dormir

roupa (f) de cama	raxt-e xāb	رخت خواب
almofada (f)	bālešt	بالشت
fronha (f)	rubalešt	روبالشت
cobertor (m)	patu	پتو
lençol (m)	malāfe	ملافه
colcha (f)	rutaxti	روتختی

91. Cozinha

cozinha (f)	āšpazxāne	آشپزخانه
gás (m)	gāz	گاز
fogão (m) a gás	ojāgh-e gāz	اجاق گاز
fogão (m) elétrico	ojāgh-e barghi	اجاق برقی
forno (m)	fer	فر
forno (m) de micro-ondas	māykrofer	مایکروفر

frigorífico (m)	yaxčāl	یخچال
congelador (m)	fereyzer	فریزر
máquina (f) de lavar louça	māšin-e zarfšuyi	ماشین ظرفشویی

moedor (m) de carne	čarx-e gušt	چرخ گوشت
espremedor (m)	ābmive giri	آبمیوه گیری
torradeira (f)	towster	توستر
batedeira (f)	maxlut kon	مخلوط کن

máquina (f) de café	qahve sāz	قهوه ساز
cafeteira (f)	qahve juš	قهوه جش
moinho (m) de café	āsiyāb-e qahve	آسیاب قهوه

chaleira (f)	ketri	کتری
bule (m)	quri	قوری
tampa (f)	sarpuš	سرپوش
coador (m) de chá	čāy sāf kon	چای صاف کن

colher (f)	qāšoq	قاشق
colher (f) de chá	qāšoq čāy xori	قاشق چای خوری
colher (f) de sopa	qāšoq sup xori	قاشق سوپ خوری
garfo (m)	čangāl	چنگال
faca (f)	kārd	کارد

louça (f)	zoruf	ظروف
prato (m)	bošqāb	بشقاب
pires (m)	na'lbeki	نعلبکی

cálice (m)	gilās-e vodkā	گیلاس ودکا
copo (m)	estekān	استکان
chávena (f)	fenjān	فنجان

açucareiro (m)	qandān	قندان
saleiro (m)	namakdān	نمکدان
pimenteiro (m)	felfeldān	فلفلدان
manteigueira (f)	zarf-e kare	ظرف کره

panela, caçarola (f)	qāblame	قابلمه
frigideira (f)	tābe	تابه
concha (f)	malāqe	ملاقه
passador (m)	ābkeš	آبکش
bandeja (f)	sini	سینی

garrafa (f)	botri	بطری
boião (m) de vidro	šiše	شیشه
lata (f)	quti	قوطی

abre-garrafas (m)	dar bāz kon	در بازکن
abre-latas (m)	dar bāz kon	در بازکن
saca-rolhas (m)	dar bāz kon	در بازکن
filtro (m)	filter	فیلتر
filtrar (vt)	filter kardan	فیلتر کردن

lixo (m)	āšqāl	آشغال
balde (m) do lixo	satl-e zobāle	سطل زباله

92. Casa de banho

quarto (m) de banho	hammām	حمام
água (f)	āb	آب
torneira (f)	šir	شیر
água (f) quente	āb-e dāq	آب داغ
água (f) fria	āb-e sard	آب سرد

pasta (f) de dentes	xamir-e dandān	خمیر دندان
escovar os dentes	mesvāk zadan	مسواک زدن
escova (f) de dentes	mesvāk	مسواک

barbear-se (vr)	riš tarāšidan	ریش تراشیدن
espuma (f) de barbear	xamir-e eslāh	خمیر اصلاح
máquina (f) de barbear	tiq	تیغ

lavar (vt)	šostan	شستن
lavar-se (vr)	hamām kardan	حمام کردن
duche (m)	duš	دوش
tomar um duche	duš gereftan	دوش گرفتن

banheira (f)	vān hammām	وان حمام
sanita (f)	tuālet-e farangi	توالت فرنگی
lavatório (m)	sink	سینک

| sabonete (m) | sābun | صابون |
| saboneteira (f) | jā sābun | جا صابون |

esponja (f)	abr	ابر
champô (m)	šāmpu	شامپو
toalha (f)	howle	حوله
roupão (m) de banho	howle-ye hamām	حوله حمام

lavagem (f)	raxčuyi	لباسشویی
máquina (f) de lavar	māšin-e lebas-šui	ماشین لباسشویی
lavar a roupa	šostan-e lebās	شستن لباس
detergente (m)	pudr-e lebas-šui	پودر لباسشویی

93. Eletrodomésticos

televisor (m)	televiziyon	تلویزیون
gravador (m)	zabt-e sowt	ضبط صوت
videogravador (m)	video	ویدئو
rádio (m)	rādiyo	رادیو
leitor (m)	paxš konande	پخش کننده

projetor (m)	video porožektor	ویدئو پروژکتور
cinema (m) em casa	sinamā-ye xānegi	سینمای خانگی
leitor (m) de DVD	paxš konande-ye di vi di	پخش کننده دی وی دی
amplificador (m)	āmpli-fāyer	آمپلی فایر
console (f) de jogos	konsul-e bāzi	کنسول بازی

câmara (f) de vídeo	durbin-e filmbardāri	دوربین فیلمبرداری
máquina (f) fotográfica	durbin-e akkāsi	دوربین عکاسی
câmara (f) digital	durbin-e dijitāl	دوربین دیجیتال

aspirador (m)	jāru barqi	جارو برقی
ferro (m) de engomar	oto	اتو
tábua (f) de engomar	miz-e otu	میز اتو

| telefone (m) | telefon | تلفن |
| telemóvel (m) | telefon-e hamrāh | تلفن همراه |

85

máquina (f) de escrever	mãšin-e tahrir	ماشین تحریر
máquina (f) de costura	čarx-e xayyāti	چرخ خیاطی

microfone (m)	mikrofon	میکروفون
auscultadores (m pl)	guši	گوشی
controlo remoto (m)	kontorol az rāh-e dur	کنترل از راه دور

CD (m)	si-di	سیدی
cassete (f)	kāst	کاست
disco (m) de vinil	safhe-ye gerāmāfon	صفحه گرامافون

94. Reparações. Renovação

renovação (f)	ta'mir	تعمیر
renovar (vt), fazer obras	ta'mir kardan	تعمیر کردن
reparar (vt)	ta'mir kardan	تعمیر کردن
consertar (vt)	morattab kardan	مرتب کردن
refazer (vt)	dobāre anjām dādan	دوباره انجام دادن

tinta (f)	rang	رنگ
pintar (vt)	rang kardan	رنگ کردن
pintor (m)	naqqāš	نقاش
pincel (m)	qalam mu	قلم مو

cal (f)	sefid kāri	سفید کاری
caiar (vt)	sefid kāri kardan	سفید کاری کردن

papel (m) de parede	kāqaz-e divāri	کاغذ دیواری
colocar papel de parede	kāqaz-e divāri kardan	کاغذ دیواری کردن
verniz (m)	lāk	لاک
envernizar (vt)	lāk zadan	لاک زدن

95. Canalizações

água (f)	āb	آب
água (f) quente	āb-e dāq	آب داغ
água (f) fria	āb-e sard	آب سرد
torneira (f)	šir	شیر

gota (f)	qatre	قطره
gotejar (vi)	čakidan	چکیدن
vazar (vt)	našt kardan	نشت کردن
vazamento (m)	našt	نشت
poça (f)	čāle	چاله

tubo (m)	lule	لوله
válvula (f)	šir-e falake	شیر فلکه
entupir-se (vr)	masdud šodan	مسدود شدن

ferramentas (f pl)	abzār	ابزار
chave (f) inglesa	āčār-e farānse	آچار فرانسه
desenroscar (vt)	bāz kardan	باز کردن

enroscar (vt)	pič kardan	پیچ کردن
desentupir (vt)	lule bāz kardan	لوله باز کردن
canalizador (m)	lule keš	لوله کش
cave (f)	zirzamin	زیرزمین
sistema (m) de esgotos	fāzelāb	فاضلاب

96. Fogo. Deflagração

incêndio (m)	ātaš suzi	آتش سوزی
chama (f)	šo'le	شعله
faísca (f)	jaraqqe	جرقه
fumo (m)	dud	دود
tocha (f)	maš'al	مشعل
fogueira (f)	ātaš	آتش
gasolina (f)	benzin	بنزین
querosene (m)	naft-e sefid	نفت سفید
inflamável	sutani	سوختنی
explosivo	mavādd-e monfajere	مواد منفجره
PROIBIDO FUMAR!	sigār kešidan mamnu'	سیگار کشیدن ممنوع
segurança (f)	amniyat	امنیت
perigo (m)	xatar	خطر
perigoso	xatarnāk	خطرناک
incendiar-se (vr)	ātaš gereftan	آتش گرفتن
explosão (f)	enfejār	انفجار
incendiar (vt)	ātaš zadan	آتش زدن
incendiário (m)	ātaš afruz	آتش افروز
incêndio (m) criminoso	ātaš zadan-e amdi	آتش زدن عمدی
arder (vi)	šo'levar budan	شعله ور بودن
queimar (vi)	suxtan	سوختن
queimar tudo (vi)	suxtan	سوختن
chamar os bombeiros	ātaš-e nešāni rā xabar kardan	آتش نشانی را خبر کردن
bombeiro (m)	ātaš nešān	آتش نشان
carro (m) de bombeiros	māšin-e ātašnešāni	ماشین آتش نشانی
corpo (m) de bombeiros	tim-e ātašnešāni	تیم آتش نشانی
escada (f) extensível	nardebān-e ātašnešāni	نردبان آتش نشانی
mangueira (f)	šelang-e ātaš-nešāni	شلنگ آتش نشانی
extintor (m)	kapsul-e ātašnešāni	کپسول آتش نشانی
capacete (m)	kolāh-e imeni	کلاه ایمنی
sirene (f)	āžir-e xatar	آژیر خطر
gritar (vi)	faryād zadan	فریاد زدن
chamar por socorro	be komak talabidan	به کمک طلبیدن
salvador (m)	nejāt-e dahande	نجات دهنده
salvar, resgatar (vt)	najāt dādan	نجات دادن
chegar (vi)	residan	رسیدن
apagar (vt)	xāmuš kardan	خاموش کردن

água (f)	āb	آب
areia (f)	šen	شن

ruínas (f pl)	xarābe	خرابه
ruir (vi)	foru rixtan	فرو ریختن
desmoronar (vi)	rizeš kardan	ریزش کردن
desabar (vi)	foru rixtan	فرو ریختن

fragmento (m)	qetʿe	قطعه
cinza (f)	xākestar	خاکستر

sufocar (vi)	xafe šodan	خفه شدن
perecer (vi)	košte šodan	کشته شدن

ATIVIDADES HUMANAS

Emprego. Negócios. Parte 1

97. Banca

| banco (m) | bānk | بانک |
| sucursal, balcão (f) | šoʻbe | شعبه |

| consultor (m) | mošāver | مشاور |
| gerente (m) | modir | مدیر |

conta (f)	hesāb-e bānki	حساب بانکی
número (m) da conta	šomāre-ye hesāb	شمارۀ حساب
conta (f) corrente	hesāb-e jāri	حساب جاری
conta (f) poupança	hesāb-e pasandāz	حساب پس انداز

abrir uma conta	hesāb-e bāz kardan	حساب باز کردن
fechar uma conta	hesāb rā bastan	حساب را بستن
depositar na conta	be hesāb rixtan	به حساب ریختن
levantar (vt)	az hesāb bardāštan	از حساب برداشتن

depósito (m)	seporde	سپرده
fazer um depósito	coporde gozāštan	سپرده گذاشتن
transferência (f) bancária	enteqāl	انتقال
transferir (vt)	enteqāl dādan	انتقال دادن

| soma (f) | jamʻ-e kol | جمع کل |
| Quanto? | čeqadr? | چقدر؟ |

| assinatura (f) | emzā' | امضاء |
| assinar (vt) | emzā kardan | امضا کردن |

| cartão (m) de crédito | kārt-e eʻtebāri | کارت اعتباری |
| código (m) | kod | کد |

| número (m) do cartão de crédito | šomāre-ye kārt-e eʻtebāri | شماره کارت اعتباری |

| Caixa Multibanco (m) | xodpardāz | خودپرداز |

cheque (m)	ček	چک
passar um cheque	ček neveštan	چک نوشتن
livro (m) de cheques	daste-ye ček	دسته چک

empréstimo (m)	eʻtebār	اعتبار
pedir um empréstimo	darxāst-e vam kardan	درخواست وام کردن
obter um empréstimo	vām gereftan	وام گرفتن
conceder um empréstimo	vām dādan	وام دادن
garantia (f)	zemānat	ضمانت

98. Telefone. Conversação telefónica

telefone (m)	telefon	تلفن
telemóvel (m)	telefon-e hamrāh	تلفن همراه
secretária (f) electrónica	monši-ye telefoni	منشی تلفنی

| fazer uma chamada | telefon zadan | تلفن زدن |
| chamada (f) | tamās-e telefoni | تماس تلفنی |

marcar um número	šomāre gereftan	شماره گرفتن
Alô!	alo!	الو!
perguntar (vt)	porsidan	پرسیدن
responder (vt)	javāb dādan	جواب دادن

ouvir (vt)	šenidan	شنیدن
bem	xub	خوب
mal	bad	بد
ruído (m)	sedā	صدا

auscultador (m)	guši	گوشی
pegar o telefone	guši rā bar dāštan	گوشی را برداشتن
desligar (vi)	guši rā gozāštan	گوشی را گذاشتن

ocupado	mašqul	مشغول
tocar (vi)	zang zadan	زنگ زدن
lista (f) telefónica	daftar-e telefon	دفتر تلفن

local	mahalli	محلی
chamada (f) local	telefon-e dāxeli	تلفن داخلی
de longa distância	beyn-e šahri	بین شهری
chamada (f) de longa distância	telefon-e beyn-e šahri	تلفن بین شهری
internacional	beynolmelali	بین المللی
chamada (f) internacional	telefon-e beynolmelali	تلفن بین المللی

99. Telefone móvel

telemóvel (m)	telefon-e hamrāh	تلفن همراه
ecrã (m)	namāyešgar	نمایشگر
botão (m)	dokme	دکمه
cartão SIM (m)	sim-e kārt	سیم کارت

bateria (f)	bātri	باطری
descarregar-se	tamām šodan bātri	تمام شدن باتری
carregador (m)	šāržer	شارژ

menu (m)	meno	منو
definições (f pl)	tanzimāt	تنظیمات
melodia (f)	āhang	آهنگ
escolher (vt)	entexāb kardan	انتخاب کردن

| calculadora (f) | māšin-e hesāb | ماشین حساب |
| correio (m) de voz | monši-ye telefoni | منشی تلفنی |

| despertador (m) | sā'at-e zang dār | ساعت زنگ دار |
| contatos (m pl) | daftar-e telefon | دفتر تلفن |

| mensagem (f) de texto | payāmak | پیامک |
| assinante (m) | moštarek | مشترک |

100. Estacionário

| caneta (f) | xodkār | خودکار |
| caneta (f) tinteiro | xodnevis | خودنویس |

lápis (m)	medād	مداد
marcador (m)	māžik	مازیک
caneta (f) de feltro	māžik	مازیک

| bloco (m) de notas | daftar-e yāddāšt | دفتر یادداشت |
| agenda (f) | daftar-e yāddāšt | دفتر یادداشت |

régua (f)	xat keš	خط کش
calculadora (f)	māšin-e hesāb	ماشین حساب
borracha (f)	pāk kon	پاک کن
pionés (m)	punez	پونز
clipe (m)	gire	گیره

cola (f)	časb	چسب
agrafador (m)	mangane-ye zan	منگنه زن
furador (m)	pānč	پانچ
afia-lápis (m)	madād-e tarāš	مداد تراش

Emprego. Negócios. Parte 2

101. Media

jornal (m)	ruznāme	روزنامه
revista (f)	majalle	مجله
imprensa (f)	matbuāt	مطبوعات
rádio (m)	rādiyo	رادیو
estação (f) de rádio	istgāh-e rādiyoyi	ایستگاه رادیویی
televisão (f)	televiziyon	تلویزیون

apresentador (m)	mojri	مجری
locutor (m)	guyande-ye axbār	گوینده اخبار
comentador (m)	mofasser	مفسر

jornalista (m)	ruznāme negār	روزنامه نگار
correspondente (m)	xabarnegār	خبرنگار
repórter (m) fotográfico	akkās-e matbuāti	عکاس مطبوعاتی
repórter (m)	gozārešgar	گزارشگر

| redator (m) | virāstār | ویراستار |
| redator-chefe (m) | sardabir | سردبیر |

assinar a ...	moštarak šodan	مشترک شدن
assinatura (f)	ešterāk	اشتراک
assinante (m)	moštarek	مشترک
ler (vt)	xāndan	خواندن
leitor (m)	xānande	خواننده

tiragem (f)	tirāž	تیراژ
mensal	māhāne	ماهانه
semanal	haftegi	هفتگی
número (jornal, revista)	šomāre	شماره
recente	tāze	تازه

manchete (f)	sar xat-e xabar	سرخط خبر
pequeno artigo (m)	maqāle-ye kutāh	مقاله کوتاه
coluna (~ semanal)	sotun	ستون
artigo (m)	maqāle	مقاله
página (f)	safhe	صفحه

reportagem (f)	gozāreš	گزارش
evento (m)	vāqe'e	واقعه
sensação (f)	hayajān	هیجان
escândalo (m)	janjāl	جنجال
escandaloso	janjāl āvar	جنجال آور
grande	bozorg	بزرگ

| programa (m) de TV | barnāme | برنامه |
| entrevista (f) | mosāhebe | مصاحبه |

| transmissão (f) em direto | paxš-e mostaqim | پخش مستقیم |
| canal (m) | kānāl | کانال |

102. Agricultura

agricultura (f)	kešāvarzi	کشاورزی
camponês (m)	dehqān	دهقان
camponesa (f)	dehqān	دهقان
agricultor (m)	kešāvarz	کشاورز

| trator (m) | terāktor | تراکتور |
| ceifeira-debulhadora (f) | kombāyn | کمباین |

arado (m)	gāvāhan	گاوآهن
arar (vt)	šoxm zadan	شخم زدن
campo (m) lavrado	zamin āmāde kešt	زمین آماده کشت
rego (m)	šiyār	شیار

semear (vt)	kāštan	کاشتن
semeadora (f)	bazrpāš	بذرپاش
semeadura (f)	košt	کشت

| gadanha (f) | dās | داس |
| gadanhar (vt) | dero kardan | درو کردن |

| pá (f) | bil | بیل |
| cavar (vt) | kandan | کندن |

enxada (f)	kaj bil	کج بیل
carpir (vt)	vajin kardan	وجین کردن
erva (f) daninha	alaf-e harz	علف هرز

regador (m)	āb pāš	آب پاش
regar (vt)	āb dādan	آب دادن
rega (f)	ābyāri	آبیاری

| forquilha (f) | čangak | چنگک |
| ancinho (m) | šen keš | شن کش |

fertilizante (m)	kud	کود
fertilizar (vt)	kud dādan	کود دادن
estrume (m)	kud-e heyvāni	کود حیوانی

campo (m)	sahrā	صحرا
prado (m)	čaman	چمن
horta (f)	jāliz	جالیز
pomar (m)	bāq	باغ

pastar (vt)	čerāndan	چراندن
pastor (m)	čupān	چوپان
pastagem (f)	čerā-gāh	چراگاه

| pecuária (f) | dāmparvari | دامپروری |
| criação (f) de ovelhas | gusfand dāri | گوسفند داری |

plantação (f)	mazrae	مزرعه
canteiro (m)	radif	ردیف
invernadouro (m)	golxāne	گلخانه

| seca (f) | xošksāli | خشکسالی |
| seco (verão ~) | xošk | خشک |

cereal (m)	dāne	دانه
cereais (m pl)	qallāt	غلات
colher (vt)	mahsul-e jam' kardan	محصول جمع کردن

moleiro (m)	āsiyābān	آسیابان
moinho (m)	āsiyāb	آسیاب
moer (vt)	qalle kubidan	غله کوبیدن
farinha (f)	ārd	آرد
palha (f)	kāh	کاه

103. Construção. Processo de construção

canteiro (m) de obras	mahal-e sāxt-o sāz	محل ساخت و ساز
construir (vt)	sāxtan	ساختن
construtor (m)	kārgar-e sāxtemāni	کارگر ساختمانی

projeto (m)	porože	پروژه
arquiteto (m)	me'mār	معمار
operário (m)	kārgar	کارگر

fundação (f)	šālude	شالوده
telhado (m)	bām	بام
estaca (f)	pāye	پایه
parede (f)	divār	دیوار

| varões (m pl) para betão | milgerd | میلگرد |
| andaime (m) | dārbast | داربست |

betão (m)	boton	بتن
granito (m)	sang-e gerānit	سنگ گرانیت
pedra (f)	sang	سنگ
tijolo (m)	ājor	آجر

areia (f)	šen	شن
cimento (m)	simān	سیمان
emboço (m)	gač kāri	گچ کاری
emboçar (vt)	gačkār-i kardan	گچکاری کردن

tinta (f)	rang	رنگ
pintar (vt)	rang kardan	رنگ کردن
barril (m)	boške	بشکه

grua (f), guindaste (m)	jarsaqil	جرثقیل
erguer (vt)	boland kardan	بلند کردن
baixar (vt)	pāin āvardan	پائین آوردن
buldózer (m)	buldozer	بولدوزر
escavadora (f)	dastgāh-e haffāri	دستگاه حفاری

caçamba (f)	bil	بیل
escavar (vt)	kandan	کندن
capacete (m) de proteção	kolāh-e imeni	کلاه ایمنی

Profissões e ocupações

104. Procura de emprego. Demissão

Português	Persa (transliteração)	Persa
trabalho (m)	kār	کار
equipa (f)	kārmandān	کارمندان
pessoal (m)	kādr	کادر
carreira (f)	šoql	شغل
perspetivas (f pl)	durnamā	دورنما
mestria (f)	mahārat	مهارت
seleção (f)	entexāb	انتخاب
agência (f) de emprego	āžāns-e kāryābi	آژانس کاریابی
CV, currículo (m)	rezume	رزومه
entrevista (f) de emprego	mosāhabe-ye kari	مصاحبه کاری
vaga (f)	post-e xāli	پست خالی
salário (m)	hoquq	حقوق
salário (m) fixo	darāmad-e s ābet	درآمد ثابت
pagamento (m)	pardāxt	پرداخت
posto (m)	šoql	شغل
dever (do empregado)	vazife	وظیفه
gama (f) de deveres	šarh-e vazāyef	شرح وظایف
ocupado	mašqul	مشغول
despedir, demitir (vt)	exrāj kardan	اخراج کردن
demissão (f)	exrāj	اخراج
desemprego (m)	bikāri	بیکاری
desempregado (m)	bikār	بیکار
reforma (f)	mostamerri	مستمری
reformar-se	bāznešaste šodan	بازنشسته شدن

105. Gente de negócios

Português	Persa (transliteração)	Persa
diretor (m)	modir	مدیر
gerente (m)	modir	مدیر
patrão, chefe (m)	ra'is	رئیس
superior (m)	māfowq	مافوق
superiores (m pl)	roasā	رؤسا
presidente (m)	ra'is jomhur	رئیس جمهور
presidente (m) de direção	ra'is	رئیس
substituto (m)	mo'āven	معاون
assistente (m)	mo'āven	معاون

| secretário (m) | monši | منشی |
| secretário (m) pessoal | dastyār-e šaxsi | دستیار شخصی |

homem (m) de negócios	bāzargān	بازرگان
empresário (m)	kārāfarin	کارآفرین
fundador (m)	moasses	مؤسس
fundar (vt)	ta'sis kardan	تأسیس کردن

fundador, sócio (m)	hamkār	همکار
parceiro, sócio (m)	šarik	شریک
acionista (m)	sahāmdār	سهامدار

milionário (m)	milyuner	میلیونر
bilionário (m)	milyārder	میلیاردر
proprietário (m)	sāheb	صاحب
proprietário (m) de terras	zamin-dār	زمین دار

cliente (m)	xaridār	خریدار
cliente (m) habitual	xaridār-e dāemi	خریدار دائمی
comprador (m)	xaridār	خریدار
visitante (m)	bāzdid konande	بازدید کننده

profissional (m)	herfe i	حرفه ای
perito (m)	kāršenās	کارشناس
especialista (m)	motexasses	متخصص

| banqueiro (m) | kārmand-e bānk | کارمند بانک |
| corretor (m) | dallāl-e kārgozār | دلال کارگزار |

caixa (m, f)	sanduqdār	صندوقدار
contabilista (m)	hesābdār	حسابدار
guarda (m)	negahbān	نگهبان

investidor (m)	sarmāye gozār	سرمایه گذار
devedor (m)	bedehkār	بدهکار
credor (m)	talabkār	طلبکار
mutuário (m)	vām girande	وام گیرنده

| importador (m) | vāred konande | وارد کننده |
| exportador (m) | sāder konande | صادر کننده |

produtor (m)	towlid konande	تولید کننده
distribuidor (m)	towzi' konande	توزیع کننده
intermediário (m)	vāsete	واسطه

consultor (m)	mošāver	مشاور
representante (m)	namāyande	نماینده
agente (m)	namāyande	نماینده
agente (m) de seguros	namāyande-ye bime	نمایندۀ بیمه

106. Profissões de serviços

| cozinheiro (m) | āšpaz | آشپز |
| cozinheiro chefe (m) | sarāšpaz | سرآشپز |

padeiro (m)	nānvā	نانوا
barman (m)	motesaddi-ye bār	متصدی بار
empregado (m) de mesa	pišxedmat	پیشخدمت
empregada (f) de mesa	pišxedmat	پیشخدمت
advogado (m)	vakil	وکیل
jurista (m)	hoquq dān	حقوق دان
notário (m)	daftardār	دفتردار
eletricista (m)	barq-e kār	برق کار
canalizador (m)	lule keš	لوله کش
carpinteiro (m)	najjār	نجار
massagista (m)	māsāž dahande	ماساژ دهنده
massagista (f)	māsāž dahande	ماساژ دهنده
médico (m)	pezešk	پزشک
taxista (m)	rānande-ye tāksi	راننده تاکسی
condutor (automobilista)	rānande	راننده
entregador (m)	peyk	پیک
camareira (f)	mostaxdem	مستخدم
guarda (m)	negahbān	نگهبان
hospedeira (f) de bordo	mehmāndār-e havāpeymā	مهماندار هواپیما
professor (m)	mo'allem	معلم
bibliotecário (m)	ketābdār	کتابدار
tradutor (m)	motarjem	مترجم
intérprete (m)	motarjem-e šafāhi	مترجم شفاهی
guia (pessoa)	rāhnamā-ye tur	راهنمای تور
cabeleireiro (m)	ārāyešgar	آرایشگر
carteiro (m)	nāme resān	نامه رسان
vendedor (m)	forušande	فروشنده
jardineiro (m)	bāqbān	باغبان
criado (m)	nowkar	نوکر
criada (f)	xedmatkār	خدمتکار
empregada (f) de limpeza	zan-e nezāfatči	زن نظافتچی

107. Profissões militares e postos

soldado (m) raso	sarbāz	سرباز
sargento (m)	goruhbān	گروهبان
tenente (m)	sotvān	ستوان
capitão (m)	kāpitān	کاپیتان
major (m)	sargord	سرگرد
coronel (m)	sarhang	سرهنگ
general (m)	ženerāl	ژنرال
marechal (m)	māršāl	مارشال
almirante (m)	daryāsālār	دریاسالار
militar (m)	nezāmi	نظامی
soldado (m)	sarbāz	سرباز

oficial (m)	afsar	افسر
comandante (m)	farmãndeh	فرمانده

guarda (m) fronteiriço	marzbãn	مرزبان
operador (m) de rádio	bisim či	بیسیم چی
explorador (m)	ettelā'āti	اطلاعاتی
sapador (m)	mohandes estehkāmāt	مهندس استحکامات
atirador (m)	tirandāz	تیرانداز
navegador (m)	nāvbar	ناویر

108. Oficiais. Padres

rei (m)	šāh	شاه
rainha (f)	maleke	ملکه

príncipe (m)	šāhzāde	شاهزاده
princesa (f)	pranses	پرنسس

czar (m)	tezār	تزار
czarina (f)	maleke	ملکه

presidente (m)	ra'is jomhur	رئیس جمهور
ministro (m)	vazir	وزیر
primeiro-ministro (m)	noxost vazir	نخست وزیر
senador (m)	senātor	سناتور

diplomata (m)	diplomāt	دیپلمات
cônsul (m)	konsul	کنسول
embaixador (m)	safir	سفیر
conselheiro (m)	mošāver	مشاور

funcionário (m)	kārmand	کارمند
prefeito (m)	baxšdār	بخشدار
Presidente (m) da Câmara	šahrdār	شهردار

juiz (m)	qāzi	قاضی
procurador (m)	dādsetān	دادستان

missionário (m)	misiyoner	میسیونر
monge (m)	rāheb	راهب
abade (m)	rāheb-e bozorg	راهب بزرگ
rabino (m)	xāxām	خاخام

vizir (m)	vazir	وزیر
xá (m)	šāh	شاه
xeque (m)	šeyx	شیخ

109. Profissões agrícolas

apicultor (m)	zanburdār	زنبوردار
pastor (m)	čupān	چپان
agrónomo (m)	motexasses-e kešāvarzi	متخصص کشاورزی

criador (m) de gado	dāmparvar	دامپرور
veterinário (m)	dāmpezešk	دامپزشک

agricultor (m)	kešāvarz	کشاورز
vinicultor (m)	šarāb sāz	شراب ساز
zoólogo (m)	jānevar-šenās	جانور شناس
cowboy (m)	gāvčerān	گاوچران

110. Profissões artísticas

ator (m)	bāzigar	بازیگر
atriz (f)	bāzigar	بازیگر

cantor (m)	xānande	خواننده
cantora (f)	xānande	خواننده

bailarino (m)	raqqās	رقاص
bailarina (f)	raqqāse	رقاصه

artista (m)	honarpiše	هنرپیشه
artista (f)	honarpiše	هنرپیشه

músico (m)	muzisiyan	موزیسین
pianista (m)	piyānist	پیانیست
guitarrista (m)	gitārist	گیتاریست

maestro (m)	rahbar-e orkestr	رهبر ارکستر
compositor (m)	āhangsāz	آهنگساز
empresário (m)	modir-e operā	مدیر اپرا

realizador (m)	kārgardān	کارگردان
produtor (m)	tahiye konande	تهیه کننده
argumentista (m)	senārist	سناریست
crítico (m)	montaqed	منتقد

escritor (m)	nevisande	نویسنده
poeta (m)	šāʿer	شاعر
escultor (m)	mojassame sāz	مجسمه ساز
pintor (m)	naqqāš	نقاش

malabarista (m)	tardast	تردست
palhaço (m)	dalqak	دلقک
acrobata (m)	ākrobāt	آکروبات
mágico (m)	šoʿbade bāz	شعبده باز

111. Várias profissões

médico (m)	pezešk	پزشک
enfermeira (f)	parastār	پرستار
psiquiatra (m)	ravānpezešk	روانپزشک
estomatologista (m)	dandān pezešk	دندان پزشک
cirurgião (m)	jarrāh	جراح

astronauta (m)	fazānavard	فضانورد
astrónomo (m)	setāre-šenās	ستاره شناس
piloto (m)	xalabān	خلبان

motorista (m)	rānande	راننده
maquinista (m)	rānande	راننده
mecânico (m)	mekānik	مکانیک

mineiro (m)	ma'danči	معدنچی
operário (m)	kārgar	کارگر
serralheiro (m)	qofl sāz	قفل ساز
marceneiro (m)	najjār	نجار
torneiro (m)	tarrāš kār	تراش کار
construtor (m)	kārgar-e sāxtemāni	کارگر ساختمانی
soldador (m)	juš kār	جوش کار

professor (m) catedrático	porofosor	پروفسور
arquiteto (m)	me'mār	معمار
historiador (m)	movarrex	مورخ
cientista (m)	dānešmand	دانشمند
físico (m)	fizikdān	فیزیکدان
químico (m)	šimi dān	شیمی دان

arqueólogo (m)	bāstān-šenās	باستان شناس
geólogo (m)	zamin-šenās	زمین شناس
pesquisador (cientista)	pažuhešgar	پژوهشگر

babysitter (f)	parastār bače	پرستار بچه
professor (m)	āmuzgār	آموزگار

redator (m)	virāotār	ویراستار
redator-chefe (m)	sardabir	سردبیر
correspondente (m)	xabarnegār	خبرنگار
datilógrafa (f)	māšin nevis	ماشین نویس

designer (m)	tarāh	طراح
especialista (m) em informática	kāršenās kāmpiyuter	کارشناس کامپیوتر
programador (m)	barnāme-ye nevis	برنامه نویس
engenheiro (m)	mohandes	مهندس

marujo (m)	malavān	ملوان
marinheiro (m)	malavān	ملوان
salvador (m)	nejāt-e dahande	نجات دهنده

bombeiro (m)	ātaš nešān	آتش نشان
polícia (m)	polis	پلیس
guarda-noturno (m)	mohāfez	محافظ
detetive (m)	kārāgāh	کارآگاه

funcionário (m) da alfândega	ma'mur-e gomrok	مامور گمرک
guarda-costas (m)	mohāfez-e šaxsi	محافظ شخصی
guarda (m) prisional	negahbān zendān	نگهبان زندان
inspetor (m)	bāzres	بازرس
desportista (m)	varzeškār	ورزشکار
treinador (m)	morabbi	مربی

talhante (m)	qassāb	قصاب
sapateiro (m)	kaffāš	کفاش
comerciante (m)	bāzargān	بازرگان
carregador (m)	bārbar	باربر

estilista (m)	tarrāh-e lebas	طراح لباس
modelo (f)	model-e zan	مدل زن

112. Ocupações. Estatuto social

aluno, escolar (m)	dāneš-āmuz	دانش آموز
estudante (~ universitária)	dānešju	دانشجو

filósofo (m)	filsuf	فیلسوف
economista (m)	eqtesāddān	اقتصاددان
inventor (m)	moxtareʿ	مخترع

desempregado (m)	bikār	بیکار
reformado (m)	bāznešaste	بازنشسته
espião (m)	jāsus	جاسوس

preso (m)	zendāni	زندانی
grevista (m)	eʿtesāb konande	اعتصاب کننده
burocrata (m)	maʿmur-e edāri	مأمور اداری
viajante (m)	mosāfer	مسافر

homossexual (m)	hamjens-e bāz	همجنس باز
hacker (m)	haker	هکر
hippie	hipi	هیپی

bandido (m)	rāhzan	راهزن
assassino (m) a soldo	ādamkoš	آدمکش
toxicodependente (m)	moʿtād	معتاد
traficante (m)	forušande-ye mavādd-e moxadder	فروشندهٔ مواد مخدر

prostituta (f)	fāheše	فاحشه
chulo (m)	jākeš	جاکش

bruxo (m)	jādugar	جادوگر
bruxa (f)	jādugar	جادوگر
pirata (m)	dozd-e daryāyi	دزد دریایی
escravo (m)	borde	برده
samurai (m)	sāmurāyi	سامورایی
selvagem (m)	vahši	وحشی

Desportos

113. Tipos de desportos. Desportistas

desportista (m)	varzeškār	ورزشکار
tipo (m) de desporto	anvā-e varzeš	انواع ورزش
basquetebol (m)	basketbāl	بسکتبال
jogador (m) de basquetebol	basketbālist	بسکتبالیست
beisebol (m)	beysbāl	بیسبال
jogador (m) de beisebol	beysbālist	بیسبالیست
futebol (m)	futbāl	فوتبال
futebolista (m)	futbālist	فوتبالیست
guarda-redes (m)	darvāze bān	دروازه بان
hóquei (m)	hāki	هاکی
jogador (m) de hóquei	hāki-ye bāz	هاکی باز
voleibol (m)	vālibāl	والیبال
jogador (m) de voleibol	vālibālist	والیبالیست
boxe (m)	boks	بوکس
boxeador, pugilista (m)	boksor	بوکسور
luta (f)	kešti	کشتی
lutador (m)	košti gir	کشتی گیر
karaté (m)	kārāte	کاراته
karateca (m)	kārāte-e bāz	کاراته باز
judo (m)	jodo	جودو
judoca (m)	jodo bāz	جودو باز
ténis (m)	tenis	تنیس
tenista (m)	tenis bāz	تنیس باز
natação (f)	šenā	شنا
nadador (m)	šenāgar	شناگر
esgrima (f)	šamširbāzi	شمشیربازی
esgrimista (m)	šamširbāz	شمشیرباز
xadrez (m)	šatranj	شطرنج
xadrezista (m)	šatranj bāz	شطرنج باز
alpinismo (m)	kuhnavardi	کوهنوردی
alpinista (m)	kuhnavard	کوهنورد
corrida (f)	do	دو

corredor (m)	davande	دونده
atletismo (m)	varzeš	ورزش
atleta (m)	varzeškār	ورزشکار

| hipismo (m) | asb savāri | اسب سواری |
| cavaleiro (m) | savārkār | سوارکار |

patinagem (f) artística	raqs ruy yax	رقص روی یخ
patinador (m)	eskeyt bāz	اسکیت باز
patinadora (f)	eskeyt bāz	اسکیت باز

| halterofilismo (m) | vazne bardār-i | وزنه برداری |
| halterofilista (m) | vazne bardār | وزنه بردار |

| corrida (f) de carros | mosābeqe-ye otomobilrāni | مسابقهٔ اتومبیلرانی |
| piloto (m) | otomobilrān | اتومبیلران |

| ciclismo (m) | dočarxe savāri | دوچرخه سواری |
| ciclista (m) | dočarxe savār | دوچرخه سوار |

salto (m) em comprimento	pareš-e tul	پرش طول
salto (m) à vara	pareš bā neyze	پرش با نیزه
atleta (m) de saltos	pareš konande	پرش کننده

114. Tipos de desportos. Diversos

futebol (m) americano	futbāl-e āmrikāyi	فوتبال آمریکایی
badminton (m)	badminton	بدمینتون
biatlo (m)	biatlon	بیاتلون
bilhar (m)	bilyārd	بیلیارد

bobsled (m)	surtme	سورتمه
musculação (f)	badansāzi	بدنسازی
polo (m) aquático	vāterpolo	واترپولو
andebol (m)	handbāl	هندبال
golfe (m)	golf	گلف

remo (m)	qāyeq rāni	قایق رانی
mergulho (m)	dāyving	دایوینگ
corrida (f) de esqui	eski-ye sahrānavardi	اسکی صحرانوردی
ténis (m) de mesa	ping pong	پینگ پونگ

vela (f)	qāyeq-rāni bādbani	قایق رانی بادبانی
rali (m)	rāli	رالی
râguebi (m)	rāgbi	راگبی
snowboard (m)	snowbord	اسنوبورد
tiro (m) com arco	tirandāzi bā kamān	تیراندازی با کمان

115. Ginásio

| barra (f) | hālter | هالتر |
| halteres (m pl) | dambel | دمبل |

aparelho (m) de musculaçao	māšin-e tamrin	ماشین تمرین
bicicleta (f) ergométrica	dočarxe-ye tamrin	دوچرخه تمرین
passadeira (f) de corrida	pist-e do	پیست دو
barra (f) fixa	bārfiks	بارفیکس
barras (f) paralelas	pārālel	پارالل
cavalo (m)	xarak	خرک
tapete (m) de ginástica	tošak	تشک
corda (f) de saltar	tanāb	طناب
aeróbica (f)	āirobik	ایروبیک
ioga (f)	yugā	یوگا

116. Desportos. Diversos

Jogos (m pl) Olímpicos	bāzihā-ye olampik	بازی‌های المپیک
vencedor (m)	barande	برنده
vencer (vi)	piruz šodan	پیروز شدن
vencer, ganhar (vi)	piruz šodan	پیروز شدن
líder (m)	rahbar	رهبر
liderar (vt)	lider budan	لیدر بودن
primeiro lugar (m)	rotbe-ye avval	رتبه اول
segundo lugar (m)	rotbe-ye dovvom	رتبه دوم
terceiro lugar (m)	rotbe-ye sevvom	رتبه سوم
medalha (f)	medāl	مدال
troféu (m)	kāp	کاپ
taça (f)	jām	جام
prémio (m)	jāyeze	جایزه
prémio (m) principal	jāyeze-ye asli	جایزهٔ اصلی
recorde (m)	rekord	رکورد
estabelecer um recorde	rekord gozāštan	رکورد گذاشتن
final (m)	fināl	فینال
final	pāyāni	پایانی
campeão (m)	qahremān	قهرمان
campeonato (m)	mosābeqe-ye qahremāni	مسابقه قهرمانی
estádio (m)	varzešgāh	ورزشگاه
bancadas (f pl)	teribun	تریبون
fã, adepto (m)	tarafdār	طرفدار
adversário (m)	raqib	رقیب
partida (f)	šoru'	شروع
chegada, meta (f)	entehā	انتها
derrota (f)	šekast	شکست
perder (vt)	bāxtan	باختن
árbitro (m)	dāvar	داور
júri (m)	hey'at-e dāvarān	هیئت داوران

resultado (m)	emtiyāz	امتیاز
empate (m)	mosāvi	مساوی
empatar (vi)	bāzi rā mosāvi kardan	بازی رامساوی کردن
ponto (m)	emtiyāz	امتیاز
resultado (m) final	natije	نتیجه
tempo, período (m)	dowre	دوره
intervalo (m)	hāf tāym	هاف تایم
doping (m)	doping	دوپینگ
penalizar (vt)	jarime kardan	جریمه کردن
desqualificar (vt)	rad-e salāhiyat kardan	رد صلاحیت کردن
aparelho (m)	asbāb	اسباب
dardo (m)	neyze	نیزه
peso (m)	vazne	وزنه
bola (f)	tup	توپ
alvo, objetivo (m)	hadaf	هدف
alvo (~ de papel)	nešangah	نشانگاه
atirar, disparar (vi)	tirandāzi kardan	تیراندازی کردن
preciso (tiro ~)	dorost	درست
treinador (m)	morabbi	مربی
treinar (vt)	tamrin dādan	تمرین دادن
treinar-se (vr)	tamrin kardan	تمرین کردن
treino (m)	tamrin	تمرین
ginásio (m)	sālon-e varzeš	سالن ورزش
exercício (m)	tamrin	تمرین
aquecimento (m)	garm kardan	گرم کردن

Educação

117. Escola

escola (f)	madrese	مدرسه
diretor (m) de escola	modir-e madrese	مدیر مدرسه
aluno (m)	dāneš-āmuz	دانش آموز
aluna (f)	dāneš-āmuz	دانش آموز
escolar (m)	dāneš-āmuz	دانش آموز
escolar (f)	dāneš-āmuz	دانش آموز
ensinar (vt)	āmuxtan	آموختن
aprender (vt)	yād gereftan	یاد گرفتن
aprender de cor	az hefz kardan	از حفظ کردن
estudar (vi)	yād gereftan	یاد گرفتن
andar na escola	tahsil kardan	تحصیل کردن
ir à escola	madrese raftan	مدرسه رفتن
alfabeto (m)	alefbā	الفبا
disciplina (f)	mabhas	مبحث
sala (f) de aula	kelās	کلاس
lição (f)	dars	درس
recreio (m)	zang-e tafrih	زنگ تفریح
toque (m)	zang	زنگ
carteira (f)	miz-e tahrir	میز تحریر
quadro (m) negro	taxte-ye siyāh	تخته سیاه
nota (f)	nomre	نمره
boa nota (f)	nomre-ye xub	نمرهٔ خوب
nota (f) baixa	nomre-ye bad	نمرهٔ بد
dar uma nota	nomre gozāštan	نمره گذاشتن
erro (m)	eštebāh	اشتباه
fazer erros	eštebāh kardan	اشتباه کردن
corrigir (vt)	eslāh kardan	اصلاح کردن
cábula (f)	taqallob	تقلب
dever (m) de casa	taklif manzel	تکلیف منزل
exercício (m)	tamrin	تمرین
estar presente	hozur dāštan	حضور داشتن
estar ausente	qāyeb budan	غایب بودن
faltar às aulas	az madrese qāyeb budan	ازمدرسه غایب بودن
punir (vt)	tanbih kardan	تنبیه کردن
punição (f)	tanbih	تنبیه
comportamento (m)	raftār	رفتار

boletim (m) escolar	gozāreš-e ruzāne	گزارش روزانه
lápis (m)	medād	مداد
borracha (f)	pāk kon	پاک کن
giz (m)	gač	گچ
estojo (m)	qalamdān	قلمدان

pasta (f) escolar	kif madrese	کیف مدرسه
caneta (f)	xodkār	خودکار
caderno (m)	daftar	دفتر
manual (m) escolar	ketāb-e darsi	کتاب درسی
compasso (m) .	pargār	پرگار

| traçar (vt) | rasm kardan | رسم کردن |
| desenho (m) técnico | rasm-e fani | رسم فنی |

poesia (f)	še'r	شعر
de cor	az hefz	از حفظ
aprender de cor	az hefz kardan	از حفظ کردن

férias (f pl)	ta'tilāt	تعطیلات
estar de férias	dar ta'tilāt budan	در تعطیلات بودن
passar as férias	ta'tilāt rā gozarāndan	تعطیلات را گذراندن

teste (m)	emtehān	امتحان
composição, redação (f)	enšā'	انشاء
ditado (m)	dikte	دیکته
exame (m)	emtehān	امتحان
fazer exame	emtehān dādan	امتحان دادن
experiência (~ química)	āzmāyeš	آزمایش

118. Colégio. Universidade

academia (f)	farhangestān	فرهنگستان
universidade (f)	dānešgāh	دانشگاه
faculdade (f)	dāneškade	دانشکده

estudante (m)	dānešju	دانشجو
estudante (f)	dānešju	دانشجو
professor (m)	ostād	استاد

| sala (f) de palestras | kelās | کلاس |
| graduado (m) | fāreqottahsil | فارغ التحصیل |

| diploma (m) | diplom | دیپلم |
| tese (f) | pāyān nāme | پایان نامه |

| estudo (obra) | tahqiqe elmi | تحقیق علمی |
| laboratório (m) | āzmāyešgāh | آزمایشگاه |

| palestra (f) | soxanrāni | سخنرانی |
| colega (m) de curso | ha mdowre i | هم دوره ای |

| bolsa (f) de estudos | burse tahsili | بورس تحصیلی |
| grau (m) académico | daraje-ye elmi | درجهٔ علمی |

119. Ciências. Disciplinas

matemática (f)	riyāziyāt	ریاضیات
álgebra (f)	jabr	جبر
geometria (f)	hendese	هندسه
astronomia (f)	setāre-šenāsi	ستاره شناسی
biologia (f)	zist-šenāsi	زیست شناسی
geografia (f)	joqrāfiyā	جغرافیا
geologia (f)	zamin-šenāsi	زمین شناسی
história (f)	tārix	تاریخ
medicina (f)	pezeški	پزشکی
pedagogia (f)	olume tarbiyati	علوم تربیتی
direito (m)	hoquq	حقوق
física (f)	fizik	فیزیک
química (f)	šimi	شیمی
filosofia (f)	falsafe	فلسفه
psicologia (f)	ravānšenāsi	روانشناسی

120. Sistema de escrita. Ortografia

gramática (f)	gerāmer	گرامر
vocabulário (m)	vājegān	واژگان
fonética (f)	sadā-šenāsi	صداشناسی
substantivo (m)	esm	اسم
adjetivo (m)	sefat	صفت
verbo (m)	fe'l	فعل
advérbio (m)	qeyd	قید
pronome (m)	zamir	ضمیر
interjeição (f)	harf-e nedā	حرف ندا
preposição (f)	harf-e ezāfe	حرف اضافه
raiz (f) da palavra	riše-ye kalame	ریشه کلمه
terminação (f)	pasvand	پسوند
prefixo (m)	pišvand	پیشوند
sílaba (f)	hejā	هجا
sufixo (m)	pasvand	پسوند
acento (m)	fešar-e hejā	فشار هجا
apóstrofo (m)	āpostrof	آپوستروف
ponto (m)	noqte	نقطه
vírgula (f)	virgul	ویرگول
ponto e vírgula (m)	noqte virgul	نقطه ویرگول
dois pontos (m pl)	donoqte	دونقطه
reticências (f pl)	čand noqte	چند نقطه
ponto (m) de interrogação	alāmat-e soāl	علامت سؤال
ponto (m) de exclamação	alāmat-e taajjob	علامت تعجب

aspas (f pl)	giyume	گیومه
entre aspas	dar giyume	در گیومه
parênteses (m pl)	parãntez	پرانتز
entre parênteses	dar parãntez	در پرانتز

hífen (m)	xatt-e vãsel	خط واصل
travessão (m)	xatt-e tire	خط تیره
espaço (m)	fãsele	فاصله

| letra (f) | harf | حرف |
| letra (f) maiúscula | harf-e bozorg | حرف بزرگ |

| vogal (f) | sedãdãr | صدادار |
| consoante (f) | sãmet | صامت |

frase (f)	jomle	جمله
sujeito (m)	nahãd	نهاد
predicado (m)	gozãre	گزاره

linha (f)	satr	سطر
em uma nova linha	sar-e satr	سر سطر
parágrafo (m)	band	بند

palavra (f)	kalame	کلمه
grupo (m) de palavras	ebãrat	عبارت
expressão (f)	bayãn	بیان
sinónimo (m)	moterãdef	مترادف
antónimo (m)	motezãd	متضاد

regra (f)	qã'ede	قاعده
exceção (f)	estesnã	استثنا
correto	sahih	صحیح

conjugação (f)	sarf	صرف
declinação (f)	sarf-e kalemãt	صرف کلمات
caso (m)	hãlat	حالت
pergunta (f)	soãl	سؤال
sublinhar (vt)	xatt kešidan	خط کشیدن
linha (f) pontilhada	noqte čin	نقطه چین

121. Línguas estrangeiras

língua (f)	zabãn	زبان
estrangeiro	xãreji	خارجی
língua (f) estrangeira	zabãn-e xãreji	زبان خارجی
estudar (vt)	dars xãndan	درس خواندن
aprender (vt)	yãd gereftan	یاد گرفتن

ler (vt)	xãndan	خواندن
falar (vi)	harf zadan	حرف زدن
compreender (vt)	fahmidan	فهمیدن
escrever (vt)	neveštan	نوشتن
rapidamente	sari'	سریع
devagar	ãheste	آهسته

fluentemente	ravān	روان
regras (f pl)	qavā'ed	قواعد
gramática (f)	gerāmer	گرامر
vocabulário (m)	vājegān	واژگان
fonética (f)	āvā-šenāsi	آواشناسی

manual (m) escolar	ketāb-e darsi	کتاب درسی
dicionário (m)	farhang-e loqat	فرهنگ لغت
manual (m) de autoaprendizagem	xod-āmuz	خودآموز
guia (m) de conversação	ketāb-e mokāleme	کتاب مکالمه

cassete (f)	kāst	کاست
vídeo cassete (m)	kāst-e video	کاست ویدئو
CD (m)	si-di	سیدی
DVD (m)	dey vey dey	دی وی دی

alfabeto (m)	alefbā	الفبا
soletrar (vt)	heji kardan	هجی کردن
pronúncia (f)	talaffoz	تلفظ

sotaque (m)	lahje	لهجه
com sotaque	bā lahje	با لهجه
sem sotaque	bi lahje	بی لهجه

palavra (f)	kalame	کلمه
sentido (m)	ma'ni	معنی

cursos (m pl)	dowre	دوره
inscrever-se (vr)	nām-nevisi kardan	نام نویسی کردن
professor (m)	ostād	استاد

tradução (processo)	tarjome	ترجمه
tradução (texto)	tarjome	ترجمه
tradutor (m)	motarjem	مترجم
intérprete (m)	motarjem-e šafāhi	مترجم شفاهی

poliglota (m)	čand zabāni	چند زبانی
memória (f)	hāfeze	حافظه

122. Personagens de contos de fadas

Pai (m) Natal	bābā noel	بابا نوئل
Cinderela (f)	sinderelā	سیندرلا
sereia (f)	pari-ye daryāyi	پری دریایی
Neptuno (m)	nepton	نپتون

mago (m)	sāher	ساحر
fada (f)	sāher	ساحر
mágico	jāduyi	جادویی
varinha (f) mágica	asā-ye sehrāmiz	عصای سحرآمیز

conto (m) de fadas	afsāne	افسانه
milagre (m)	mo'jeze	معجزه

| anão (m) | kutule | کوتوله |
| transformar-se em ... | tabdil šodan | تبدیل شدن |

fantasma (m)	šabah	شبح
espetro (m)	šabah	شبح
monstro (m)	qul	غول
dragão (m)	eždehā	اژدها
gigante (m)	qul	غول

123. Signos do Zodíaco

Carneiro	borj-e haml	برج حمل
Touro	borj-e sowr	برج ثور
Gémeos	borj-e jowzā	برج جوزا
Caranguejo	saratān	سرطان
Leão	šir	شیر
Virgem (f)	borj-e sonbole	برج سنبله

Balança	borj-e mizān	برج میزان
Escorpião	borj-e aqrab	برج عقرب
Sagitário	borj-e qows	برج قوس
Capricórnio	borj-e jeddi	برج جدی
Aquário	borj-e dalow	برج دلو
Peixes	borj-e hut	برج حوت

caráter (m)	šaxsiyat	شخصیت
traços (m pl) do caráter	xosusiyāt-e axlāqi	خصوصیات اخلاقی
comportamento (m)	raftār	رفتار
predizer (vt)	fāl gereftan	فال گرفتن
adivinha (f)	fālgir	فالگیر
horóscopo (m)	tāle' bini	طالع بینی

Artes

124. Teatro

teatro (m)	teātr	تئاتر
ópera (f)	operā	اپرا
opereta (f)	operā-ye kučak	اپرای کوچک
balé (m)	bāle	باله
cartaz (m)	e'lān-e namāyeš	اعلان نمایش
companhia (f) teatral	hey'at honarpišegān	هیئت هنرپیشگان
turné (digressão)	safar	سفر
estar em turné	dar tur budan	در تور بودن
ensaiar (vt)	tamrin kardan	تمرین کردن
ensaio (m)	tamrin	تمرین
repertório (m)	roperator	رپراتور
apresentação (f)	namāyeš	نمایش
espetáculo (m)	namāyeš	نمایش
peça (f)	namāyeš nāme	نمایش نامه
bilhete (m)	belit	بلیط
bilheteira (f)	belit-foruši	بلیت فروشی
hall (m)	lābi	لابی
guarda-roupa (m)	komud-e lebās	کمد لباس
senha (f) numerada	žeton	ژتون
binóculo (m)	durbin	دوربین
lanterninha (m)	rāhnamā	راهنما
plateia (f)	sandali-ye orkestr	صندلی ارکستر
balcão (m)	bālkon	بالکن
primeiro balcão (m)	bālkon-e avval	بالکن اول
camarote (m)	jāygāh-e vižhe	جایگاه ویژه
fila (f)	radif	ردیف
assento (m)	jā	جا
público (m)	hozzār	حضار
espetador (m)	tamāšāči	تماشاچی
aplaudir (vt)	kaf zadan	کف زدن
aplausos (m pl)	tašviq	تشویق
ovação (f)	šādi-va sorur	شادی و سرور
palco (m)	sahne	صحنه
pano (m) de boca	parde	پرده
cenário (m)	sahne	صحنه
bastidores (m pl)	pošt-e sahne	پشت صحنه
cena (f)	sahne	صحنه
ato (m)	parde	پرده
entreato (m)	ānterākt	آنتراکت

125. Cinema

ator (m)	bāzigar	بازیگر
atriz (f)	bāzigar	بازیگر
cinema (m)	sinamā	سینما
filme (m)	film	فیلم
episódio (m)	qesmat	قسمت
filme (m) policial	film-e polisi	فیلم پلیسی
filme (m) de ação	film-e akšen	فیلم اکشن
filme (m) de aventuras	film-e mājarāyi	فیلم ماجرایی
filme (m) de ficção científica	film-e elmi-ye taxayyoli	فیلم علمی تخیلی
filme (m) de terror	film-e tarsnāk	فیلم ترسناک
comédia (f)	komedi	کمدی
melodrama (m)	meloderām	ملودرام
drama (m)	derām	درام
filme (m) ficcional	film-e honari	فیلم هنری
documentário (m)	film-e mostanad	فیلم مستند
desenho (m) animado	kārton	کارتون
cinema (m) mudo	film-e sāmet	فیلم صامت
papel (m)	naqš	نقش
papel (m) principal	naqš-e asli	نقش اصلی
representar (vt)	bāzi kardan	بازی کردن
estrela (f) de cinema	setāre-ye sinamā	ستارهٔ سینما
conhecido	mašhur	مشهور
famoso	mašhur	مشهور
popular	saršenās	سرشناس
argumento (m)	senāriyo	سناریو
argumentista (m)	senārist	سناریست
realizador (m)	kārgardān	کارگردان
produtor (m)	tahiye konande	تهیه کننده
assistente (m)	dastyār	دستیار
diretor (m) de fotografia	filmbardār	فیلمبردار
duplo (m)	badalkār	بدلکار
duplo (m) de corpo	dublur	دوبلور
filmar (vt)	film gereftan	فیلم گرفتن
audição (f)	test	تست
filmagem (f)	film bardār-i	فیلم برداری
equipe (f) de filmagem	goruh film bar dār-i	گروه فیلم برداری
set (m) de filmagem	mahal film bar dār-i	محل فیلم برداری
câmara (f)	durbin	دوربین
cinema (m)	sinamā	سینما
ecrã (m), tela (f)	parde	پرده
exibir um filme	film-e nešān dādan	فیلم نشان دادن
pista (f) sonora	musiqi-ye matn	موسیقی متن
efeitos (m pl) especiais	jelvehā-ye vižhe	جلوه های ویژه

legendas (f pl)	zirnevis	زیرنویس
crédito (m)	titrāj	تیتراژ
tradução (f)	tarjome	ترجمه

126. Pintura

arte (f)	honar	هنر
belas-artes (f pl)	honarhā-ye zibā	هنرهای زیبا
galeria (f) de arte	gāleri-ye honari	گالری هنری
exposição (f) de arte	namāyešgāh-e honari	نمایشگاه هنری

pintura (f)	naqqāši	نقاشی
arte (f) gráfica	honar-e gerāfik	هنر گرافیک
arte (f) abstrata	honar-e ābestre	هنر آبستره
impressionismo (m)	ampersiyonism	امپرسیونیسم

pintura (f), quadro (m)	tasvir	تصویر
desenho (m)	naqqāši	نقاشی
cartaz, póster (m)	poster	پوستر

ilustração (f)	tasvir	تصویر
miniatura (f)	minyātor	مینیاتور
cópia (f)	nosxe	نسخه
reprodução (f)	taksir	تکثیر

mosaico (m)	muzāik	موزائیک
vitral (m)	naqqāši ruy šiše	نقاشی روی شیشه
fresco (m)	naqqāši ruy gač	نقاشی روی گچ
gravura (f)	gerāvur	گراور

busto (m)	mojassame-ye nimtane	مجسمهٔ نیم تنه
escultura (f)	mojassame sāz-i	مجسمه سازی
estátua (f)	mojassame	مجسمه
gesso (m)	gač	گچ
em gesso	gači	گچی

retrato (m)	temsāl	تمثال
autorretrato (m)	tasvir-e naqqāš	تصویر نقاش
paisagem (f)	manzare	منظره
natureza (f) morta	tabi'at-e bijān	طبیعت بیجان
caricatura (f)	kārikātor	کاریکاتور
esboço (m)	tarh-e moqaddamāti	طرح مقدماتی

tinta (f)	rang	رنگ
aguarela (f)	āb-o rang	آب ورنگ
óleo (m)	rowqan	روغن
lápis (m)	medād	مداد
tinta da China (f)	morakkab	مرکب
carvão (m)	zoqāl	زغال

desenhar (vt)	naqqāši kardan	نقاشی کردن
pintar (vt)	naqqāši kardan	نقاشی کردن
posar (vi)	žest gereftan	ژست گرفتن
modelo (m)	model-e naqqāši	مدل نقاشی

modelo (f)	model-e naqqāši	مدل نقاشی
pintor (m)	naqqāš	نقاش
obra (f)	asar-e honari	اثر هنری
obra-prima (f)	šāhkār	شاهکار
estúdio (m)	kārgāh	کارگاه

tela (f)	bum-e naqāši	بوم نقاشی
cavalete (m)	sepāye-ye naqqāši	سه پایة نقاشی
paleta (f)	taxte-ye rang	تختة رنگ

moldura (f)	qāb	قاب
restauração (f)	maremmat	مرمت
restaurar (vt)	marammat kardan	مرمت کردن

127. Literatura & Poesia

literatura (f)	adabiyāt	ادبیات
autor (m)	moallef	مؤلف
pseudónimo (m)	taxallos	تخلص

livro (m)	ketāb	کتاب
volume (m)	jeld	جلد
índice (m)	fehrest	فهرست
página (f)	safhe	صفحه
protagonista (m)	qahremān-e asli	قهرمان اصلی

conto (m)	hekāyat	حکایت
novela (f)	dāstān	داستان
romance (m)	ramān	رمان
obra (f)	ta'lif	تألیف
fábula (m)	afsāne	افسانه
romance (m) policial	dastane jenai	داستان جنایی

poesia (obra)	še'r	شعر
poesia (arte)	še'r	شعر
poema (m)	še'r	شعر
poeta (m)	šā'er	شاعر

ficção (f)	dāstān	داستان
ficção (f) científica	elmi-ye taxayyoli	علمی تخیلی
aventuras (f pl)	sargozašt	سرگذشت
literatura (f) didática	adabiyāt-e āmuzeši	ادبیات آموزشی
literatura (f) infantil	adabiyāt-e kudak	ادبیات کودک

128. Circo

circo (m)	sirak	سیرک
circo (m) ambulante	sirak-e sayār	سیرک سیار
programa (m)	barnāme	برنامه
apresentação (f)	namāyeš	نمایش
número (m)	parde	پرده
arena (f)	sahne-ye sirak	صحنه سیرک

pantomima (f)	pãntomim	پانتومیم
palhaço (m)	dalqak	دلقک
acrobata (m)	ãkrobãt	آکروبات
acrobacia (f)	band-e bãzi	بند بازی
ginasta (m)	žiminãstik kãr	ژیمناستیک کار
ginástica (f)	žiminãstik	ژیمناستیک
salto (m) mortal	salto	سالتو
homem forte (m)	qavi heykal	قوی هیکل
domador (m)	rãm konande	رام کننده
cavaleiro (m) equilibrista	savãrkãr	سوارکار
assistente (m)	dastyãr	دستیار
truque (m)	širin kãri	شیرین کاری
truque (m) de mágica	šo'bade bãzi	شعبده بازی
mágico (m)	šo'bade bãz	شعبده باز
malabarista (m)	tardast	تردست
fazer malabarismos	tardasti kardan	تردستی کردن
domador (m)	morabbi-ye heyvãnãt	مربی حیوانات
adestramento (m)	ta'lim heyvãnãt	تعلیم حیوانات
adestrar (vt)	tarbiyat kardan	تربیت کردن

129. Música. Música popular

música (f)	musiqi	موسیقی
músico (m)	muzisiyan	موزیسین
instrumento (m) musical	abzãr o musiqi	ابزار موسیقی
tocar ...	navãxtan	نواختن
guitarra (f)	gitãr	گیتار
violino (m)	viyolon	ویولون
violoncelo (m)	viyolonsel	ویولون سل
contrabaixo (m)	konterbãs	کونترباس
harpa (f)	čang	چنگ
piano (m)	piyãno	پیانو
piano (m) de cauda	piyãno-e bozorg	پیانوی بزرگ
órgão (m)	arg	ارگ
instrumentos (m pl) de sopro	sãzhã-ye bãdi	سازهای بادی
oboé (m)	abva	ابوا
saxofone (m)	saksofon	ساکسوفون
clarinete (m)	qare ney	قره نی
flauta (f)	folut	فلوت
trompete (m)	šeypur	شیپور
acordeão (m)	ãkordeon	آکوردئون
tambor (m)	tabl	طبل
duo, dueto (m)	daste-ye do nafare	دسته دو نفره
trio (m)	daste-ye se nafar-i	دستۀ سه نفری
quarteto (m)	daste-ye čãhãrnafari	دستۀ چهارنفری

| coro (m) | kar | کر |
| orquestra (f) | orkesr | ارکستر |

música (f) pop	musiqi-ye pāp	موسیقی پاپ
música (f) rock	musiqi-ye rāk	موسیقی راک
grupo (m) de rock	goruh-e rāk	گروه راک
jazz (m)	jāz	جاز

| ídolo (m) | mahbub | محبوب |
| fã, admirador (m) | havādār | هوادار |

concerto (m)	konsert	کنسرت
sinfonia (f)	samfoni	سمفونی
composição (f)	tasnif	تصنیف
compor (vt)	tasnif kardan	تصنیف کردن

canto (m)	āvāz	آواز
canção (f)	tarāne	ترانه
melodia (f)	āhang	آهنگ
ritmo (m)	ritm	ریتم
blues (m)	musiqi-ye boluz	موسیقی بلوز

notas (f pl)	daftar-e not	دفتر نت
batuta (f)	čub-e rahbari	چوب رهبری
arco (m)	ārše	آرشه
corda (f)	sim	سیم
estojo (m)	qalāf	غلاف

Descanso. Entretenimento. Viagens

130. Viagens

turismo (m)	gardešgari	گردشگری
turista (m)	turist	توریست
viagem (f)	mosāferat	مسافرت
aventura (f)	mājarā	ماجرا
viagem (f)	safar	سفر
férias (f pl)	moraxxasi	مرخصی
estar de férias	dar moraxassi budan	در مرخصی بودن
descanso (m)	esterāhat	استراحت
comboio (m)	qatār	قطار
de comboio (chegar ~)	bā qatār	با قطار
avião (m)	havāpeymā	هواپیما
de avião	bā havāpeymā	با هواپیما
de carro	bā otomobil	با اتومبیل
de navio	dar kešti	با کشتی
bagagem (f)	bār	بار
mala (f)	čamedān	چمدان
carrinho (m)	čarx-e hamle bar	چرخ حمل بار
passaporte (m)	gozarnāme	گذرنامه
visto (m)	ravādid	روادید
bilhete (m)	belit	بلیط
bilhete (m) de avião	belit-e havāpeymā	بلیط هواپیما
guia (m) de viagem	ketāb-e rāhnamā	کتاب راهنما
mapa (m)	naqše	نقشه
local (m), area (f)	mahal	محل
lugar, sítio (m)	jā	جا
exotismo (m)	qarāyeb	غرایب
exótico	qarib	غریب
surpreendente	heyrat angiz	حیرت انگیز
grupo (m)	goruh	گروه
excursão (f)	gardeš	گردش
guia (m)	rāhnamā-ye tur	راهنمای تور

131. Hotel

hotel (m)	hotel	هتل
motel (m)	motel	متل
três estrelas	se setāre	سه ستاره

| cinco estrelas | panj setāre | پنج ستاره |
| ficar (~ num hotel) | māndan | ماندن |

quarto (m)	otāq	اتاق
quarto (m) individual	otāq-e yeknafare	اتاق یک نفره
quarto (m) duplo	otāq-e do nafare	اتاق دو نفره
reservar um quarto	otāq rezerv kardan	اتاق رزرو کردن

| meia pensão (f) | nim pānsiyon | نیم پانسیون |
| pensão (f) completa | pānsiyon | پانسیون |

com banheira	bā vān	با وان
com duche	bā duš	با دوش
televisão (m) satélite	televiziyon-e māhvārei	تلویزیون ماهواره ای
ar (m) condicionado	tahviye-ye matbu'	تهویه مطبوع
toalha (f)	howle	حوله
chave (f)	kelid	کلید

administrador (m)	edāre-ye konande	اداره کننده
camareira (f)	mostaxdem	مستخدم
bagageiro (m)	bārbar	باربر
porteiro (m)	darbān	دربان

restaurante (m)	resturān	رستوران
bar (m)	bār	بار
pequeno-almoço (m)	sobhāne	صبحانه
jantar (m)	šām	شام
buffet (m)	bufe	بوفه

| hall (m) de entrada | lābi | لابی |
| elevador (m) | āsānsor | آسانسور |

| NÃO PERTURBE | mozāhem našavid | مزاحم نشوید |
| PROIBIDO FUMAR! | sigār kešidan mamnu' | سیگار کشیدن ممنوع |

132. Livros. Leitura

livro (m)	ketāb	کتاب
autor (m)	moallef	مؤلف
escritor (m)	nevisande	نویسنده
escrever (vt)	neveštan	نوشتن

leitor (m)	xānande	خواننده
ler (vt)	xāndan	خواندن
leitura (f)	motāle'e	مطالعه

| para si | be ārāmi | به آرامی |
| em voz alta | boland | بلند |

publicar (vt)	montašer kardan	منتشر کردن
publicação (f)	entešār	انتشار
editor (m)	nāšer	ناشر
editora (f)	entešārāt	انتشارات
sair (vi)	montašer šodan	منتشر شدن

lançamento (m)	našr	نشر
tiragem (f)	tirāž	تیراژ
livraria (f)	ketāb-foruši	کتاب فروشی
biblioteca (f)	ketābxāne	کتابخانه
novela (f)	dāstān	داستان
conto (m)	hekāyat	حکایت
romance (m)	ramān	رمان
romance (m) policial	dastane jenai	داستان جنایی
memórias (f pl)	xāterāt	خاطرات
lenda (f)	afsāne	افسانه
mito (m)	osture	اسطوره
poesia (f)	še'r	شعر
autobiografia (f)	zendegināme	زندگینامه
obras (f pl) escolhidas	āsār-e montaxab	آثار منتخب
ficção (f) científica	elmi-ye taxayyoli	علمی تخیلی
título (m)	onvān	عنوان
introdução (f)	moqaddame	مقدمه
folha (f) de rosto	safhe-ye onvān	صفحه عنوان
capítulo (m)	fasl	فصل
excerto (m)	gozide	گزیده
episódio (m)	qesmat	قسمت
tema (m)	suže	سوژه
conteúdo (m)	mazmun	مضمون
índice (m)	fehrest	فهرست
protagonista (m)	qahremān-e asli	قهرمان اصلی
tomo, volume (m)	jeld	جلد
capa (f)	jeld	جلد
encadernação (f)	sahhāfi	صحافی
marcador (m) de livro	čub-e alef	چوب الف
página (f)	safhe	صفحه
folhear (vt)	varaq zadan	ورق زدن
margem (f)	hāšiye	حاشیه
anotação (f)	hāšiye nevisi	حاشیه نویسی
nota (f) de rodapé	pāvaraqi	پاورقی
texto (m)	matn	متن
fonte (f)	font	فونت
gralha (f)	qalat čāpi	غلط چاپی
tradução (f)	tarjome	ترجمه
traduzir (vt)	tarjome kardan	ترجمه کردن
original (m)	nosxe-ye asli	نسخهٔ اصلی
famoso	mašhur	مشهور
desconhecido	nāšenāxte	ناشناخته
interessante	jāleb	جالب
best-seller (m)	por foruš	پر فروش

dicionário (m)	farhang-e loqat	فرهنگ لغت
manual (m) escolar	ketāb-e darsi	کتاب درسی
enciclopédia (f)	dāyeratolma'āref	دایره المعارف

133. Caça. Pesca

caça (f)	šekār	شکار
caçar (vi)	šekār kardan	شکار کردن
caçador (m)	šekārči	شکارچی

atirar (vi)	tirandāzi kardan	تیراندازی کردن
caçadeira (f)	tofang	تفنگ
cartucho (m)	fešang	فشنگ
chumbo (m) de caça	sāčme	ساچمه

armadilha (f)	tale	تله
armadilha (com corda)	dām	دام
cair na armadilha	dar tale oftādan	در تله افتادن
pôr a armadilha	tale gozāštan	تله گذاشتن

caçador (m) furtivo	šekārči-ye qeyr-e qānuni	شکارچی غیر قانونی
caça (f)	šekār	شکار
cão (m) de caça	sag-e šekāri	سگ شکاری
safári (m)	safar-e ektešāfi āfriqā	سفر اکتشافی آفریقا
animal (m) empalhado	heyvān-e model	حیوان مدل

pescador (m)	māhigir	ماهیگیر
pesca (f)	māhigiri	ماهیگیری
pescar (vt)	māhi gereftan	ماهی گرفتن

cana (f) de pesca	čub māhi gir-i	چوب ماهی گیری
linha (f) de pesca	nax-e māhigiri	نخ ماهیگیری
anzol (m)	qollāb	قلاب

| boia (f) | šenāvar | شناور |
| isca (f) | to'me | طعمه |

| lançar a linha | qollāb andāxtan | قلاب انداختن |
| morder (vt) | gāz gereftan | گاز گرفتن |

| pesca (f) | seyd | صید |
| buraco (m) no gelo | surāx dar yax | سوراخ دریخ |

| rede (f) | tur | تور |
| barco (m) | qāyeq | قایق |

pescar com rede	bā tur-e māhi gereftan	با تورماهی گرفتن
lançar a rede	tur andāxtan	تور انداختن
puxar a rede	tur rā birun āvardan	تور را بیرون آوردن
cair nas malhas	be tur oftādan	به تور افتادن

baleeiro (m)	seyād-e nahang	صیاد نهنگ
baleeira (f)	kešti-ye seyd-e nahang	کشتی صید نهنگ
arpão (m)	neyze	نیزه

134. Jogos. Bilhar

bilhar (m)	bilyārd	بیلیارد
sala (f) de bilhar	otāq-e bilyārd	اتاق بیلیارد
bola (f) de bilhar	tup	توپ

embolsar uma bola	tup vāred-e pākat kardan	توپ وارد پاکت کردن
taco (m)	čub-e bilyārd	چوب بیلیارد
caçapa (f)	pākat	پاکت

135. Jogos. Jogar cartas

ouros (m pl)	xešt	خشت
espadas (f pl)	peyk	پیک
copas (f pl)	del	دل
paus (m pl)	xāj	خاج

ás (m)	tak xāl	تک خال
rei (m)	šāh	شاه
dama (f)	bi bi	بی بی
valete (m)	sarbāz	سرباز

carta (f) de jogar	varaq	ورق
cartas (f pl)	varaq	ورق
trunfo (m)	xāl-e hokm	خال حکم
baralho (m)	daste-ye varaq	دستهٔ ورق

ponto (m)	xāl	خال
dar, distribuir (vt)	varaq dādan	ورق دادن
embaralhar (vt)	bar zadan	بر زدن
vez, jogada (f)	harekat	حرکت
batoteiro (m)	moteqalleb	متقلب

136. Descanso. Jogos. Diversos

passear (vi)	gardeš kardan	گردش کردن
passeio (m)	gardeš	گردش
viagem (f) de carro	siyāhat	سیاحت
aventura (f)	mājarā	ماجرا
piquenique (m)	pik nik	پیک نیک

jogo (m)	bāzi	بازی
jogador (m)	bāzikon	بازیکن
partida (f)	dor-e bazi	دوربازی

colecionador (m)	kolleksiyoner	کلکسیونر
colecionar (vt)	jam'-e āvari kardan	جمع آوری کردن
coleção (f)	koleksiyon	کلکسیون

| palavras (f pl) cruzadas | kalamāt-e moteqāte' | کلمات متقاطع |
| hipódromo (m) | meydān-e asb-e davāni | میدان اسب دوانی |

discoteca (f)	disko	دیسکو
sauna (f)	sonā	سونا
lotaria (f)	baxt-e āzmāyi	بخت آزمایی

campismo (m)	rāh peymāyi	راه پیمایی
acampamento (m)	ordugāh	اردوگاه
tenda (f)	čādor	چادر
bússola (f)	qotb namā	قطب نما
campista (m)	kamp nešin	کمپ نشین

ver (vt), assistir à ...	tamāšā kardan	تماشا کردن
telespectador (m)	tamāšāči	تماشاچی
programa (m) de TV	barnāme-ye televiziyoni	برنامه تلویزیونی

137. Fotografia

máquina (f) fotográfica	durbin-e akkāsi	دوربین عکاسی
foto, fotografia (f)	aks	عکس

fotógrafo (m)	akkās	عکاس
estúdio (m) fotográfico	ātolye-ye akkāsi	آتلیۀ عکاسی
álbum (m) de fotografias	ālbom-e aks	آلبوم عکس

objetiva (f)	lenz-e durbin	لنز دوربین
teleobjetiva (f)	lenz-e tale-ye foto	لنز تله فوتو
filtro (m)	filter	فیلتر
lente (f)	lenz	لنز

ótica (f)	optik	اپتیک
abertura (f)	diyāfrāgm	دیافراگم
exposição (f)	sor'at-e bāz šodan-e lenz	سرعت بازشدن لنز
visor (m)	namā yāb	نما یاب

câmara (f) digital	durbin-e dijitāl	دوربین دیجیتال
tripé (m)	se pāye	سه پایه
flash (m)	feleš	فلش

fotografar (vt)	akkāsi kardan	عکاسی کردن
tirar fotos	aks gereftan	عکس گرفتن
fotografar-se	aks gereftan	عکس گرفتن

foco (m)	noqte-ye kānuni	نقطه کانونی
focar (vt)	motemarkez kardan	متمرکز کردن
nítido	vāzeh	واضح
nitidez (f)	vozuh	وضوح

contraste (m)	konterāst	کنتراست
contrastante	konterāst	کنتراست

retrato (m)	aks	عکس
negativo (m)	film-e negātiv	فیلم نگاتیو
filme (m)	film	فیلم
fotograma (m)	čārcub	چارچوب
imprimir (vt)	čāp kardan	چاپ کردن

138. Praia. Natação

praia (f)	pelāž	پلاژ
areia (f)	šen	شن
deserto	xāli	خالی

bronzeado (m)	hammām-e āftāb	حمام آفتاب
bronzear-se (vr)	hammām-e āftāb gereftan	حمام آفتاب گرفتن
bronzeado	boronze	برنزه
protetor (m) solar	kerem-e zedd-e āftāb	کرم ضد آفتاب

biquíni (m)	māyo-ye do tekke	مایوی دو تکه
fato (m) de banho	māyo	مایو
calção (m) de banho	māyo	مایو

piscina (f)	estaxr	استخر
nadar (vi)	šenā kardan	شنا کردن
duche (m)	duš	دوش
mudar de roupa	lebās avaz kardan	لباس عوض کردن
toalha (f)	howle	حوله

barco (m)	qāyeq	قایق
lancha (f)	qāyeq-e motori	قایق موتوری
esqui (m) aquático	eski-ye ruy-ye āb	اسکی روی آب
barco (m) de pedais	qāyeq-e pedāli	قایق پدالی
surf (m)	mowj savāri	موج سواری
surfista (m)	mowj savār	موج سوار

equipamento (m) de mergulho	eskowha	اسکوبا
barbatanas (f pl)	bālehā-ye qavvāsi	باله های غواصی
máscara (f)	māsk	ماسک
mergulhador (m)	qavvās	غواص
mergulhar (vi)	širje raftan	شیرجه رفتن
debaixo d'água	zir-e ābi	زیر آبی

guarda-sol (m)	čatr	چتر
espreguiçadeira (f)	sandali-ye rāhati	صندلی راحتی
óculos (m pl) de sol	eynak āftābi	عینک آفتابی
colchão (m) de ar	tošak-e ābi	تشک آبی

| brincar (vi) | bāzi kardan | بازی کردن |
| ir nadar | ābtani kardan | آبتنی کردن |

bola (f) de praia	tup	توپ
encher (vt)	bād kardan	باد کردن
inflável, de ar	bādi	بادی

onda (f)	mowj	موج
boia (f)	šenāvar	شناور
afogar-se (pessoa)	qarq šodan	غرق شدن

salvar (vt)	najāt dādan	نجات دادن
colete (m) salva-vidas	jeliqe-ye nejāt	جلیقهٔ نجات
observar (vt)	mošāhede kardan	مشاهده کردن
nadador-salvador (m)	nejāt-e dahande	نجات دهنده

EQUIPAMENTO TÉCNICO. TRANSPORTES

Equipamento técnico. Transportes

139. Computador

computador (m)	kāmpiyuter	کامپیوتر
portátil (m)	lap tāp	لپ تاپ
ligar (vt)	rowšan kardan	روشن کردن
desligar (vt)	xāmuš kardan	خاموش کردن
teclado (m)	sahfe kelid	صحفه کلید
tecla (f)	kelid	کلید
rato (m)	māows	ماوس
tapete (m) de rato	māows pad	ماوس پد
botão (m)	dokme	دکمه
cursor (m)	makān namā	مکان نما
monitor (m)	monitor	مونیتور
ecrã (m)	safhe	صفحه
disco (m) rígido	hārd disk	هارد دیسک
capacidade (f) do disco rígido	hajm-e hard	حجم هارد
memória (f)	hāfeze	حافظه
memória RAM (f)	hāfeze-ye ram	حافظه رم
ficheiro (m)	parvande	پرونده
pasta (f)	puše	پوشه
abrir (vt)	bāz kardan	باز کردن
fechar (vt)	bastan	بستن
guardar (vt)	zaxire kardan	ذخیره کردن
apagar, eliminar (vt)	hazf kardan	حذف کردن
copiar (vt)	kopi kardan	کپی کردن
ordenar (vt)	tabaqe bandi kardan	طبقه بندی کردن
copiar (vt)	kopi kardan	کپی کردن
programa (m)	barnāme	برنامه
software (m)	narm afzār	نرم افزار
programador (m)	barnāme-ye nevis	برنامه نویس
programar (vt)	barnāme-nevisi kardan	برنامه نویسی کردن
hacker (m)	haker	هکر
senha (f)	kalame-ye obur	کلمه عبور
vírus (m)	virus	ویروس
detetar (vt)	peydā kardan	پیدا کردن
byte (m)	bāyt	بایت

megabyte (m)	megābāyt	مگابایت
dados (m pl)	dāde-hā	داده ها
base (f) de dados	pāygāh dāde-hā	پایگاه داده ها

cabo (m)	kābl	کابل
desconectar (vt)	jodā kardan	جدا کردن
conetar (vt)	vasl kardan	وصل کردن

140. Internet. E-mail

internet (f)	internet	اینترنت
browser (m)	morurgar	مرورگر
motor (m) de busca	motor-e jostoju	موتور جستجو
provedor (m)	erāe-ye dehande	ارائه دهنده

webmaster (m)	tarrāh-e vebsāyt	طراح وب سایت
website, sítio web (m)	veb-sāyt	وب سایت
página (f) web	safhe-ye veb	صفحه وب

| endereço (m) | nešāni | نشانی |
| livro (m) de endereços | daftarče-ye nešāni | دفترچه نشانی |

caixa (f) de correio	sanduq-e post	صندوق پست
correio (m)	post	پست
cheia (caixa de correio)	por	پر

mensagem (f)	payām	پیام
mensagens (f pl) recebidas	payāmhā-ye vorudi	پیامهای ورودی
mensagens (f pl) enviadas	payāmhā-ye xoruji	پیامهای خروجی

remetente (m)	ferestande	فرستنده
enviar (vt)	ferestādan	فرستادن
envio (m)	ersāl	ارسال

| destinatário (m) | girande | گیرنده |
| receber (vt) | gereftan | گرفتن |

| correspondência (f) | mokātebe | مکاتبه |
| corresponder-se (vr) | mokātebe kardan | مکاتبه کردن |

ficheiro (m)	parvande	پرونده
fazer download, baixar	dānlod kardan	دانلود کردن
criar (vt)	ijād kardan	ایجاد کردن
apagar, eliminar (vt)	hazf kardan	حذف کردن
eliminado	hazf šode	حذف شده

conexão (f)	ertebāt	ارتباط
velocidade (f)	sor'at	سرعت
modem (m)	modem	مودم
acesso (m)	dastyābi	دستیابی
porta (f)	dargāh	درگاه

| conexão (f) | ertebāt | ارتباط |
| conetar (vi) | vasl šodan | وصل شدن |

| escolher (vt) | entexāb kardan | انتخاب کردن |
| buscar (vt) | jostoju kardan | جستجو کردن |

Transportes

141. Avião

avião (m)	havāpeymā	هواپیما
bilhete (m) de avião	belit-e havāpeymā	بلیط هواپیما
companhia (f) aérea	šerkat-e havāpeymāyi	شرکت هواپیمایی
aeroporto (m)	forudgāh	فرودگاه
supersónico	māvarā sowt	ماوراء صوت
comandante (m) do avião	kāpitān	کاپیتان
tripulação (f)	xadame	خدمه
piloto (m)	xalabān	خلبان
hospedeira (f) de bordo	mehmāndār-e havāpeymā	مهماندار هواپیما
copiloto (m)	nāvbar	ناوبر
asas (f pl)	bāl-hā	بال ها
cauda (f)	dam	دم
cabine (f) de pilotagem	kābin	کابین
motor (m)	motor	موتور
trem (m) de aterragem	šāssi	شاسی
turbina (f)	turbin	توربین
hélice (f)	parvāne	پروانه
caixa-preta (f)	ja'be-ye siyāh	جعبه سیاه
coluna (f) de controlo	farmān	فرمان
combustível (m)	suxt	سوخت
instruções (f pl) de segurança	dasturol'amal	دستورالعمل
máscara (f) de oxigénio	māsk-e oksižen	ماسک اکسیژن
uniforme (m)	oniform	اونیفورم
colete (m) salva-vidas	jeliqe-ye nejāt	جلیقة نجات
paraquedas (m)	čatr-e nejāt	چترنجات
descolagem (f)	parvāz	پرواز
descolar (vi)	parvāz kardan	پرواز کردن
pista (f) de descolagem	bānd-e forudgāh	باند فرودگاه
visibilidade (f)	meydān did	میدان دید
voo (m)	parvāz	پرواز
altura (f)	ertefā'	ارتفاع
poço (m) de ar	čāle-ye havāyi	چاله هوایی
assento (m)	jā	جا
auscultadores (m pl)	guši	گوشی
mesa (f) rebatível	sini-ye tāšow	سینی تاشو
vigia (f)	panjere	پنجره
passagem (f)	rāhrow	راهرو

142. Comboio

comboio (m)	qatār	قطار
comboio (m) suburbano	qatār-e barqi	قطار برقی
comboio (m) rápido	qatār-e sari'osseyr	قطارسریع السیر
locomotiva (f) diesel	lokomotiv-e dizel	لوکوموتیو دیزل
locomotiva (f) a vapor	lokomotiv-e boxar	لوکوموتیو بخار
carruagem (f)	vāgon	واگن
carruagem restaurante (f)	vāgon-e resturān	واگن رستوران
carris (m pl)	reyl-hā	ریل ها
caminho de ferro (m)	rāh āhan	راه آهن
travessa (f)	reyl-e band	ریل بند
plataforma (f)	sakku-ye rāh-āhan	سکوی راه آهن
linha (f)	masir	مسیر
semáforo (m)	nešanar	نشانبر
estação (f)	istgāh	ایستگاه
maquinista (m)	rānande	راننده
bagageiro (m)	bārbar	باربر
hospedeiro, -a (da carruagem)	rāhnamā-ye qatār	راهنمای قطار
passageiro (m)	mosāfer	مسافر
revisor (m)	kontorol či	کنترل چی
corredor (m)	rāhrow	راهرو
freio (m) de emergência	tormoz-e ezterāri	ترمز اضطراری
compartimento (m)	kupe	کوپه
cama (f)	taxt-e kupe	تخت کوپه
cama (f) de cima	taxt-e bālā	تخت بالا
cama (f) de baixo	taxt-e pāyin	تخت پایین
roupa (f) de cama	raxt-e xāb	رخت خواب
bilhete (m)	belit	بلیط
horário (m)	barnāme	برنامه
painel (m) de informação	barnāme-ye zamāni	برنامه زمانی
partir (vt)	tark kardan	ترک کردن
partida (f)	harekat	حرکت
chegar (vi)	residan	رسیدن
chegada (f)	vorud	ورود
chegar de comboio	bā qatār āmadan	با قطار آمدن
apanhar o comboio	savār-e qatār šodan	سوار قطار شدن
sair do comboio	az qatār piyāde šodan	از قطار پیاده شدن
acidente (m) ferroviário	sānehe	سانحه
descarrilar (vi)	az xat xārej šodan	از خط خارج شدن
locomotiva (f) a vapor	lokomotiv-e boxar	لوکوموتیو بخار
fogueiro (m)	ātaškār	آتشکار
fornalha (f)	ātašdān	آتشدان
carvão (m)	zoqāl sang	زغال سنگ

143. Barco

navio (m)	kešti	كشتى
embarcação (f)	kešti	كشتى
vapor (m)	kešti-ye boxāri	كشتى بخارى
navio (m)	qāyeq-e rudxāne	قايق رودخانه
transatlântico (m)	kešti-ye tafrihi	كشتى تفريحى
cruzador (m)	razm nāv	رزم ناو
iate (m)	qāyeq-e tafrihi	قايق تفريحى
rebocador (m)	yadak keš	يدك كش
barcaça (f)	kešti-ye bārkeše yadaki	كشتى باركش يدكى
ferry (m)	kešti-ye farābar	كشتى فرابر
veleiro (m)	kešti-ye bādbāni	كشتى بادبانى
bergantim (m)	košti dozdān daryā-yi	كشتى دزدان دريايى
quebra-gelo (m)	kešti-ye yaxšekan	كشتى يخ شكن
submarino (m)	zirdaryāyi	زيردريايى
bote, barco (m)	qāyeq	قايق
bote, dingue (m)	qāyeq-e tafrihi	قايق تفريحى
bote (m) salva-vidas	qāyeq-e nejāt	قايق نجات
lancha (f)	qāyeq-e motori	قايق موتورى
capitão (m)	kāpitān	كاپيتان
marinheiro (m)	malavān	ملوان
marujo (m)	malavān	ملوان
tripulação (f)	xadame	خدمه
contramestre (m)	sar malavān	سر ملوان
grumete (m)	šāgerd-e malavān	شاگرد ملوان
cozinheiro (m) de bordo	āšpaz-e kešti	آشپز كشتى
médico (m) de bordo	pezešk-e kešti	پزشك كشتى
convés (m)	arše-ye kešti	عرشهٔ كشتى
mastro (m)	dakal	دكل
vela (f)	bādbān	بادبان
porão (m)	anbār	انبار
proa (f)	sine-ye kešti	سينه كشتى
popa (f)	aqab kešti	عقب كشتى
remo (m)	pāru	پارو
hélice (f)	parvāne	پروانه
camarote (m)	otāq-e kešti	اتاق كشتى
sala (f) dos oficiais	otāq-e afsarān	اتاق افسران
sala (f) das máquinas	motor xāne	موتور خانه
ponte (m) de comando	pol-e farmāndehi	پل فرماندهى
sala (f) de comunicações	kābin-e bisim	كابين بى سيم
onda (f) de rádio	mowj	موج
diário (m) de bordo	roxdād nāme	رخداد نامه
luneta (f)	teleskop	تلسكوپ
sino (m)	nāqus	ناقوس

bandeira (f)	parčam	پرچم
cabo (m)	tanāb	طناب
nó (m)	gereh	گره

| corrimão (m) | narde | نرده |
| prancha (f) de embarque | pol | پل |

âncora (f)	langar	لنگر
recolher a âncora	langar kešidan	لنگر کشیدن
lançar a âncora	langar andāxtan	لنگر انداختن
amarra (f)	zanjir-e langar	زنجیر لنگر

porto (m)	bandar	بندر
cais, amarradouro (m)	eskele	اسکله
atracar (vi)	pahlu gereftan	پهلو گرفتن
desatracar (vi)	tark kardan	ترک کردن

viagem (f)	mosāferat	مسافرت
cruzeiro (m)	safar-e daryāyi	سفر دریایی
rumo (m), rota (f)	masir	مسیر
itinerário (m)	masir	مسیر

canal (m) navegável	kešti-ye ru	کشتی رو
banco (m) de areia	mahall-e kam omq	محل کم عمق
encalhar (vt)	be gel nešastan	به گل نشستن

tempestade (f)	tufān	طوفان
sinal (m)	alāmat	علامت
afundar-se (vr)	qarq šodan	غرق شدن
Homem ao mar!	kas-i dar hāl-e qarq šodan-ast!	کسی در حال غرق شدن است!

| SOS | sos | SOS |
| boia (f) salva-vidas | kamarband-e nejāt | کمربند نجات |

144. Aeroporto

aeroporto (m)	forudgāh	فرودگاه
avião (m)	havāpeymā	هواپیما
companhia (f) aérea	šerkat-e havāpeymāyi	شرکت هواپیمایی
controlador (m) de tráfego aéreo	ma'mur-e kontorol-e terāfik-e havāyi	مأمور کنترل ترافیک هوایی

partida (f)	azimat	عزیمت
chegada (f)	vorud	ورود
chegar (~ de avião)	residan	رسیدن

| hora (f) de partida | zamān-e parvāz | زمان پرواز |
| hora (f) de chegada | zamān-e vorud | زمان ورود |

| estar atrasado | ta'xir kardan | تأخیر کردن |
| atraso (m) de voo | ta'xir-e parvāz | تأخیر پرواز |

| painel (m) de informação | tāblo-ye ettelā'āt | تابلوی اطلاعات |
| informação (f) | ettelā'āt | اطلاعات |

| anunciar (vt) | eʿlām kardan | اعلام کردن |
| voo (m) | parvāz | پرواز |

| alfândega (f) | gomrok | گمرک |
| funcionário (m) da alfândega | maʿmur-e gomrok | مأمور گمرک |

declaração (f) alfandegária	ežhār-nāme	اظهارنامه
preencher (vt)	por kardan	پر کردن
preencher a declaração	ezhār-nāme rā por kardan	اظهارنامه را پر کردن
controlo (m) de passaportes	kontorol-e gozarnāme	کنترل گذرنامه

bagagem (f)	bār	بار
bagagem (f) de mão	bār-e dasti	بار دستی
carrinho (m)	čarx-e hamle bar	چرخ حمل بار

aterragem (f)	forud	فرود
pista (f) de aterragem	bānd-e forudgāh	باند فرودگاه
aterrar (vi)	nešastan	نشستن
escada (f) de avião	pellekān	پلکان

check-in (m)	ček in	چک این
balcão (m) do check-in	bāje-ye kontorol	باجه کنترل
fazer o check-in	čekin kardan	چکاین کردن
cartão (m) de embarque	kārt-e parvāz	کارت پرواز
porta (f) de embarque	gi-yat xoruj	گیت خروج

trânsito (m)	terānzit	ترانزیت
esperar (vi, vt)	montazer budan	منتظر بودن
sala (f) de espera	tālār-e entezār	تالار انتظار
despedir-se de ...	badraqe kardan	بدرقه کردن
despedir-se (vr)	xodāhāfezi kardan	خداحافظی کردن

145. Bicicleta. Motocicleta

bicicleta (f)	dočarxe	دوچرخه
scotter, lambreta (f)	eskuter	اسکوتر
mota (f)	motorsiklet	موتورسیکلت

ir de bicicleta	bā dočarxe raftan	با دوچرخه رفتن
guiador (m)	farmān-e dočarxe	فرمان دوچرخه
pedal (m)	pedāl	پدال
travões (m pl)	tormoz	ترمز
selim (m)	zin	زین

| bomba (f) de ar | pomp | پمپ |
| porta-bagagens (m) | tarakband | ترکبند |

| lanterna (f) | čerāq-e jelo | چراغ جلو |
| capacete (m) | kolāh-e imeni | کلاه ایمنی |

roda (f)	čarx	چرخ
guarda-lamas (m)	golgir	گلگیر
aro (m)	towqe	طوقه
raio (m)	parre	پره

Carros

146. Tipos de carros

carro, automóvel (m)	otomobil	اتومبیل
carro (m) desportivo	otomobil-e varzeši	اتومبیل ورزشی
limusine (f)	limozin	لیموزین
todo o terreno (m)	jip	جیپ
descapotável (m)	kābriyole	کابریولیه
minibus (m)	mini bus	مینی بوس
ambulância (f)	āmbolāns	آمبولانس
limpa-neve (m)	māšin-e barfrub	ماشین برف روب
camião (m)	kāmiyon	کامیون
camião-cisterna (m)	tānker	تانکر
carrinha (f)	kāmiyon	کامیون
camião-trator (m)	tereyler	تریلر
atrelado (m)	yadak	یدک
confortável	rāhat	راحت
usado	dast-e dovvom	دست دوم

147. Carros. Carroçaria

capô (m)	kāput	کاپوت
guarda-lamas (m)	golgir	گلگیر
tejadilho (m)	saqf	سقف
para-brisa (m)	šiše-ye jelo	شیشه جلو
espelho (m) retrovisor	āyene-ye did-e aqab	آینه دید عقب
lavador (m)	pak konande	پاک کننده
limpa-para-brisas (m)	barf pāk kon	برف پاک کن
vidro (m) lateral	šiše-ye baqal	شیشۀ بغل
elevador (m) do vidro	šiše bālābar	شیشه بالابر
antena (f)	ānten	آنتن
teto solar (m)	sanrof	سانروف
para-choques (m pl)	separ	سپر
bagageira (f)	sanduq-e aqab	صندوق عقب
bagageira (f) de tejadilho	bārband	باربند
porta (f)	darb	درب
maçaneta (f)	dastgire-ye dar	دستگیرۀ در
fechadura (f)	qofl	قفل
matrícula (f)	pelāk	پلاک
silenciador (m)	xafe kon	خفه کن

tanque (m) de gasolina	bāk-e benzin	باک بنزین
tubo (m) de escape	lule-ye egzoz	لولۀ اگزوز
acelerador (m)	gāz	گاز
pedal (m)	pedāl	پدال
pedal (m) do acelerador	pedāl-e gāz	پدال گاز
travão (m)	tormoz	ترمز
pedal (m) do travão	pedāl-e tormoz	پدال ترمز
travar (vt)	tormoz kardan	ترمز کردن
travão (m) de mão	tormoz-e dasti	ترمز دستی
embraiagem (f)	kelāč	کلاج
pedal (m) da embraiagem	pedāl-e kelāč	پدال کلاج
disco (m) de embraiagem	disk-e kelāč	دیسک کلاج
amortecedor (m)	komak-e fanar	کمک فنر
roda (f)	čarx	چرخ
pneu (m) sobresselente	zāpās	زاپاس
tampão (m) de roda	qālpāq	قالپاق
rodas (f pl) motrizes	čarxhā-ye moharrek	چرخ های محرک
de tração dianteira	mehvarhā-ye jelo	محورهای جلو
de tração traseira	mehvarhā-ye aqab	محورهای عقب
de tração às 4 rodas	tamām-e čarx	تمام چرخ
caixa (f) de mudanças	ja'be-ye dande	جعبۀ دنده
automático	otumātik	اتوماتیک
mecânico	mekāniki	مکانیکی
alavanca (f) das mudanças	ahrom-e ja'be dande	اهرم جعبه دنده
farol (m)	čerāq-e jelo	چراغ جلو
faróis, luzes	čerāq-hā	چراغ ها
médios (m pl)	nur-e pāin	نور پائین
máximos (m pl)	nur-e bālā	نور بالا
luzes (f pl) de stop	čerāq-e tormoz	چراغ ترمز
mínimos (m pl)	čerāqhā-ye pārk	چراغ های پارک
luzes (f pl) de emergência	čerāqha-ye xatar	چراغ های خطر
faróis (m pl) antinevoeiro	čerāqhā-ye meh-e šekan	چراغ های مه شکن
pisca-pisca (m)	čerāq-e rāhnamā	چراغ راهنما
luz (f) de marcha atrás	čerāq-e dande-ye aqab	چراغ دنده عقب

148. Carros. Habitáculo

interior (m) do carro	dāxel-e xodrow	داخل خودرو
de couro, de pele	čarmi	چرمی
de veludo	maxmali	مخملی
estofos (m pl)	tuduzi	تودوزی
indicador (m)	abzār	ابزار
painel (m) de instrumentos	safhe-ye dāšbord	صفحه داشبورد
velocímetro (m)	sor'at sanj	سرعت سنج

ponteiro (m)	aqrabe	عقربه
conta-quilómetros (m)	kilumetr-e šomār	کیلومتر شمار
sensor (m)	nešāngar	نشانگر
nível (m)	sath	سطح
luz (f) avisadora	lāmp	لامپ

volante (m)	farmān	فرمان
buzina (f)	buq	بوق
botão (m)	dokme	دکمه
interruptor (m)	kelid	کلید

assento (m)	sandali	صندلی
costas (f pl) do assento	pošti-ye sandali	پشتی صندلی
cabeceira (f)	zir-e seri	زیر سری
cinto (m) de segurança	kamarband-e imeni	کمربند ایمنی
apertar o cinto	kamarband rā bastan	کمربند را بستن
regulação (f)	tanzim	تنظیم

airbag (m)	kise-ye havā	کیسه هوا
ar (m) condicionado	tahviye-ye matbu'	تهویه مطبوع

rádio (m)	rādiyo	رادیو
leitor (m) de CD	paxš konande-ye si di	پخش کننده سی دی
ligar (vt)	rowšan kardan	روشن کردن
antena (f)	ānten	آنتن
porta-luvas (m)	dāšbord	داشبورد
cinzeiro (m)	zir-sigāri	زیرسیگاری

149. Carros. Motor

motor (m)	motor	موتور
diesel	dizel	دیزل
a gasolina	benzin	بنزین

cilindrada (f)	hajm-e motor	حجم موتور
potência (f)	niru	نیرو
cavalo-vapor (m)	asb-e boxār	اسب بخار
pistão (m)	pistun	پیستون
cilindro (m)	silandr	سیلندر
válvula (f)	supāp	سوپاپ

injetor (m)	anžektor	انژکتور
gerador (m)	ženerātor	ژنراتور
carburador (m)	kārborātor	کاربراتور
óleo (m) para motor	rowqan-e motor	روغن موتور

radiador (m)	rādiyātor	رادیاتور
refrigerante (m)	māye-'e sard konande	مایع سرد کننده
ventilador (m)	fan-e xonak konande	فن خنک کننده

bateria (f)	bātri-ye māšin	باتری ماشین
dispositivo (m) de arranque	estārt	استارت
ignição (f)	ehterāq	احتراق
vela (f) de ignição	šam'-e motor	شمع موتور

borne (m)	pāyāne	پایانه
borne (m) positivo	mosbat	مثبت
borne (m) negativo	manfi	منفی
fusível (m)	fiyuz	فیوز

filtro (m) de ar	filter-e havā	فیلتر هوا
filtro (m) de óleo	filter-e rowqan	فیلتر روغن
filtro (m) de combustível	filter-e suxt	فیلتر سوخت

150. Carros. Batidas. Reparação

acidente (m) de carro	tasādof	تصادف
acidente (m) rodoviário	tasādof	تصادف
ir contra …	barxord kardan	برخورد کردن
sofrer um acidente	tasādof kardan	تصادف کردن
danos (m pl)	āsib	آسیب
intato	sālem	سالم

avaria (no motor, etc.)	xarābi	خرابی
avariar (vi)	xarāb šodan	خراب شدن
cabo (m) de reboque	sim-e boksel	سیم بکسل

furo (m)	pančar	پنچر
estar furado	pančar šodan	پنچر شدن
encher (vt)	bād kardan	باد کردن
pressão (f)	fešār	فشار
verificar (vt)	barresi kardan	بررسی کردن

reparação (f)	ta'mir	تعمیر
oficina (f) de reparação de carros	ta'mirgāh-e xodro	تعمیرگاه خودرو
peça (f) sobresselente	qet'e-ye yadaki	قطعه یدکی
peça (f)	qet'e	قطعه

parafuso (m)	pič	پیچ
parafuso (m)	pič	پیچ
porca (f)	mohre	مهره
anilha (f)	vāšer	واشر
rolamento (m)	yātāqān	یاتاقان

tubo (m)	lule	لوله
junta (f)	vāšer	واشر
fio, cabo (m)	sim	سیم

macaco (m)	jak	جک
chave (f) de boca	āčār	آچار
martelo (m)	čakoš	چکش
bomba (f)	pomp	پمپ
chave (f) de fendas	pič gušti	پیچ گوشتی

extintor (m)	kapsul-e ātašnešāni	کپسول آتش نشانی
triângulo (m) de emergência	alāmat-e ehtiyāt	علامت احتیاط
parar (vi) (motor)	xāmuš šodan	خاموش شدن
paragem (f)	tavaqqof	توقف

estar quebrado	xarāb budan	خراب بودن
superaquecer-se (vr)	juš āvardan	جوش آوردن
entupir-se (vr)	masdud šodan	مسدود شدن
congelar-se (vr)	yax bastan	یخ بستن
rebentar (vi)	tarakidan	ترکیدن

pressão (f)	fešār	فشار
nível (m)	sath	سطح
frouxo	za'if	ضعیف

mossa (f)	foruraftegi	فروزفتگی
ruído (m)	sedā	صدا
fissura (f)	tarak	ترک
arranhão (m)	xarāš	خراش

151. Carros. Estrada

estrada (f)	rāh	راه
autoestrada (f)	bozorgrāh	بزرگراه
rodovia (f)	āzād-e rāh	آزاد راه
direção (f)	samt	سمت
distância (f)	masāfat	مسافت

ponte (f)	pol	پل
parque (m) de estacionamento	pārking	پارکینگ
praça (f)	meydān	میدان
nó (m) rodoviário	dowr bargardān	دوربرگردان
túnel (m)	tunel	تونل

posto (m) de gasolina	pomp-e benzin	پمپ بنزین
parque (m) de estacionamento	pārking	پارکینگ
bomba (f) de gasolina	pomp-e benzin	پمپ بنزین
oficina (f) de reparação de carros	ta'mirgāh-e xodro	تعمیرگاه خودرو
abastecer (vt)	benzin zadan	بنزین زدن
combustível (m)	suxt	سوخت
bidão (m) de gasolina	dabbe	دبه

asfalto (m)	āsfālt	آسفالت
marcação (f) de estradas	alāmat-e gozari	علامت گذاری
lancil (m)	labe-ye jadval	لبه جدول
proteção (f) guard-rail	narde	نرده
valeta (f)	juy	جوی
berma (f) da estrada	kenār rāh	کنار راه
poste (m) de luz	tir-e barq	تیر برق

conduzir, guiar (vt)	rāndan	راندن
virar (ex. ~ à direita)	pičidan	پیچیدن
dar retorno	dowr zadan	دور زدن
marcha-atrás (f)	dande aqab	دنده عقب

buzinar (vi)	buq zadan	بوق زدن
buzina (f)	buq	بوق
atolar-se (vr)	gir kardan	گیر کردن

patinar (na lama)	sor xordan	سر خوردن
desligar (vt)	xāmuš kardan	خاموش کردن
velocidade (f)	sor'at	سرعت
exceder a velocidade	az sor'at-e mojāz gozāštan	ازسرعت مجاز گذشتن
multar (vt)	jarime kardan	جریمه کردن
semáforo (m)	čerāq-e rāhnamā	چراغ راهنما
carta (f) de condução	govāhi-nāme-ye rānandegi	گواهینامۀ رانندگی
passagem (f) de nível	taqāto'	تقاطع
cruzamento (m)	čahārrāh	چهارراه
passadeira (f)	xatt-e āber-e piyāde	خط عابرپیاده
curva (f)	pič	پیچ
zona (f) pedonal	mantaqe-ye āber-e piyāde	منطقۀ عابر پیاده

PESSOAS. EVENTOS

Eventos

152. Férias. Evento

festa (f)	jašn	جشن
festa (f) nacional	eyd-e melli	عید ملی
feriado (m)	ruz-e jašn	روز جشن
festejar (vt)	jašn gereftan	جشن گرفتن

evento (festa, etc.)	vāqeʿe	واقعه
evento (banquete, etc.)	ruydād	رویداد
banquete (m)	ziyāfat	ضیافت
receção (f)	ziyāfat	ضیافت
festim (m)	jašn	جشن

aniversário (m)	sālgard	سالگرد
jubileu (m)	sālgard	سالگرد
celebrar (vt)	jašn gereftan	جشن گرفتن

Ano (m) Novo	sāl-e now	سال نو
Feliz Ano Novo!	sāl-e now mobārak	سال نو مبارک
Pai (m) Natal	bābā noel	بابا نوئل

Natal (m)	kerismas	کریسمس
Feliz Natal!	kerismas mobārak!	کریسمس مبارک!
árvore (f) de Natal	kāj kerismas	کاج کریسمس
fogo (m) de artifício	ātaš-e bāzi	آتش بازی

boda (f)	arusi	عروسی
noivo (m)	dāmād	داماد
noiva (f)	arus	عروس

convidar (vt)	daʿvat kardan	دعوت کردن
convite (m)	daʿvatnāme	دعوتنامه

convidado (m)	mehmān	مهمان
visitar (vt)	be mehmāni raftan	به مهمانی رفتن
receber os hóspedes	az mehmānān esteqbāl kardan	از مهمانان استقبال کردن

presente (m)	hedye	هدیه
oferecer (vt)	hadye dādan	هدیه دادن
receber presentes	hediye gereftan	هدیه گرفتن
ramo (m) de flores	daste-ye gol	دسته گل

felicitações (f pl)	tabrik	تبریک
felicitar (dar os parabéns)	tabrik goftan	تبریک گفتن

cartão (m) de parabéns	kārt-e tabrik	كارت تبریک
enviar um postal	kārt-e tabrik ferestādan	كارت تبریک فرستادن
receber um postal	kārt-e tabrik gereftan	كارت تبریک گرفتن
brinde (m)	be salāmati-ye kas-i nušidan	به سلامتی کسی نوشیدن
oferecer (vt)	pazirāyi kardan	پذیرایی کردن
champanhe (m)	šāmpāyn	شامپاین
divertir-se (vr)	šādi kardan	شادی کردن
diversão (f)	šādi	شادی
alegria (f)	maserrat	مسرت
dança (f)	raqs	رقص
dançar (vi)	raqsidan	رقصیدن
valsa (f)	raqs-e vāls	رقص والس
tango (m)	raqs tāngo	رقص تانگو

153. Funerais. Enterro

cemitério (m)	qabrestān	قبرستان
sepultura (f), túmulo (m)	qabr	قبر
cruz (f)	salib	صلیب
lápide (f)	sang-e qabr	سنگ قبر
cerca (f)	hesār	حصار
capela (f)	kelisā-ye kučak	کلیسای کوچک
morto (f)	marg	مرگ
morrer (vi)	mordan	مردن
defunto (m)	marhum	مرحوم
luto (m)	azā	عزا
enterrar, sepultar (vt)	dafn kardan	دفن کردن
agência (f) funerária	xadamat-e kafno dafn	خدمات کفن ودفن
funeral (m)	tašyi-'e jenāze	تشییع جنازه
coroa (f) de flores	tāj-e gol	تاج گل
caixão (m)	tābut	تابوت
carro (m) funerário	na'š keš	نعش کش
mortalha (f)	kafan	کفن
procissão (f) funerária	tašyi-'e jenāze	تشییع جنازه
urna (f) funerária	zarf-e xākestar-e morde	ظرف خاکستر مرده
crematório (m)	morde suz xāne	مرده سوز خانه
obituário (m), necrologia (f)	āgahi-ye tarhim	آگهی ترحیم
chorar (vi)	gerye kardan	گریه کردن
soluçar (vi)	zār zār gerye kardan	زار زارگریه کردن

154. Guerra. Soldados

pelotão (m)	daste	دسته
companhia (f)	goruhān	گروهان

regimento (m)	hang	هنگ
exército (m)	arteš	ارتش
divisão (f)	laškar	لشکر

destacamento (m)	daste	دسته
hoste (f)	laškar	لشکر

soldado (m)	sarbāz	سرباز
oficial (m)	afsar	افسر

soldado (m) raso	sarbāz	سرباز
sargento (m)	goruhbān	گروهبان
tenente (m)	sotvān	ستوان
capitão (m)	kāpitān	کاپیتان
major (m)	sargord	سرگرد
coronel (m)	sarhang	سرهنگ
general (m)	ženerāl	ژنرال

marujo (m)	malavān	ملوان
capitão (m)	kāpitān	کاپیتان
contramestre (m)	sar malavān	سر ملوان

artilheiro (m)	tupči	توپچی
soldado (m) paraquedista	sarbāz-e čatrbāz	سرباز چترباز
piloto (m)	xalabān	خلبان
navegador (m)	nāvbar	ناوبر
mecânico (m)	mekānik	مکانیک

sapador (m)	mohandes estehkāmāt	مهندس استحکامات
paraquedista (m)	čatr bāz	چترباز
explorador (m)	ettelā'āti	اطلاعاتی
franco-atirador (m)	tak tir andāz	تک تیر انداز

patrulha (f)	gašt	گشت
patrulhar (vt)	gašt zadan	گشت زدن
sentinela (f)	negahbān	نگهبان

guerreiro (m)	jangju	جنگجو
patriota (m)	mihan parast	میهن پرست

herói (m)	qahremān	قهرمان
heroína (f)	qahremān-e zan	قهرمان زن

traidor (m)	xāen	خائن
trair (vt)	xiyānat kardan	خیانت کردن

desertor (m)	farāri	فراری
desertar (vt)	farāri budan	فراری بودن

mercenário (m)	mozdur	مزدور
recruta (m)	sarbāz-e jadid	سرباز جدید
voluntário (m)	dāvtalab	داوطلب

morto (m)	morde	مرده
ferido (m)	zaxmi	زخمی
prisioneiro (m) de guerra	asir	اسیر

155. Guerra. Ações militares. Parte 1

guerra (f)	jang	جنگ
guerrear (vt)	jangidan	جنگیدن
guerra (f) civil	jang-e dāxeli	جنگ داخلی
perfidamente	xāenāne	خائنانه
declaração (f) de guerra	e'lān-e jang	اعلان جنگ
declarar (vt) guerra	e'lān kardan	اعلان کردن
agressão (f)	tajāvoz	تجاوز
atacar (vt)	hamle kardan	حمله کردن
invadir (vt)	tajāvoz kardan	تجاوز کردن
invasor (m)	tajāvozgar	تجاوزگر
conquistador (m)	fāteh	فاتح
defesa (f)	defā'	دفاع
defender (vt)	defā' kardan	دفاع کردن
defender-se (vr)	az xod defā' kardan	از خود دفاع کردن
inimigo (m)	došman	دشمن
adversário (m)	moxālef	مخالف
inimigo	došman	دشمن
estratégia (f)	rāhbord	راهبرد
tática (f)	tāktik	تاکتیک
ordem (f)	farmān	فرمان
comando (m)	dastur	دستور
ordenar (vt)	farmān dādan	فرمان دادن
missão (f)	ma'muriyat	مأموریت
secreto	mahramāne	محرمانه
batalha (f)	jang	جنگ
combate (m)	nabard	نبرد
ataque (m)	hamle	حمله
assalto (m)	yureš	یورش
assaltar (vt)	yureš bordan	یورش بردن
assédio, sítio (m)	mohāsere	محاصره
ofensiva (f)	hamle	حمله
passar à ofensiva	hamle kardan	حمله کردن
retirada (f)	aqab nešini	عقب نشینی
retirar-se (vr)	aqab nešini kardan	عقب نشینی کردن
cerco (m)	mohāsere	محاصره
cercar (vt)	mohāsere kardan	محاصره کردن
bombardeio (m)	bombārān-e havāyi	بمباران هوایی
lançar uma bomba	bomb āndaxtan	بمب انداختن
bombardear (vt)	bombārān kardan	بمباران کردن
explosão (f)	enfejār	انفجار
tiro (m)	tirandāzi	تیراندازی

143

| disparar um tiro | tirandāzi kardan | تیراندازی کردن |
| tiroteio (m) | tirandāzi | تیراندازی |

apontar para ...	nešāne raftan	نشانه رفتن
apontar (vt)	šhellik kardan	شلیک کردن
acertar (vt)	residan	رسیدن

afundar (um navio)	qarq šodan	غرق شدن
brecha (f)	surāx	سوراخ
afundar-se (vr)	qarq šodan	غرق شدن

frente (m)	jebhe	جبهه
evacuação (f)	taxliye	تخلیه
evacuar (vt)	taxliye kardan	تخلیه کردن

trincheira (f)	sangar	سنگر
arame (m) farpado	sim-e xārdār	سیم خاردار
obstáculo (m) anticarro	hesār	حصار
torre (f) de vigia	borj	برج

hospital (m)	bimārestān-e nezāmi	بیمارستان نظامی
ferir (vt)	majruh kardan	مجروح کردن
ferida (f)	zaxm	زخم
ferido (m)	zaxmi	زخمی
ficar ferido	zaxmi šodan	زخمی شدن
grave (ferida ~)	zaxm-e saxt	زخم سخت

156. Armas

arma (f)	selāh	سلاح
arma (f) de fogo	aslahe-ye garm	اسلحۀ گرم
arma (f) branca	aslahe-ye sard	اسلحۀ سرد

arma (f) química	taslihāt-e šimiyāyi	تسلیحات شیمیایی
nuclear	haste i	هسته ای
arma (f) nuclear	taslihāt-e hastei	تسلیحات هسته ای

| bomba (f) | bomb | بمب |
| bomba (f) atómica | bomb-e atomi | بمب اتمی |

pistola (f)	kolt	کلت
caçadeira (f)	tofang	تفنگ
pistola-metralhadora (f)	mosalsal-e xodkār	مسلسل خودکار
metralhadora (f)	mosalsal	مسلسل

boca (f)	sar-e lule-ye tofang	سر لولۀ تفنگ
cano (m)	lule-ye tofang	لولۀ تفنگ
calibre (m)	kālibr	کالیبر

gatilho (m)	māše	ماشه
mira (f)	nešāne ravi	نشانه روی
carregador (m)	xešāb	خشاب
coronha (f)	qondāq	قنداق
granada (f) de mão	nārenjak	نارنجک

explosivo (m)	mādde-ye monfajere	مادهٔ منفجره
bala (f)	golule	گلوله
cartucho (m)	fešang	فشنگ
carga (f)	mohemmāt	مهمات
munições (f pl)	mohemmāt	مهمات

bombardeiro (m)	bomb-afkan	بمبافکن
avião (m) de caça	jangande	جنگنده
helicóptero (m)	helikopter	هلیکوپتر

canhão (m) antiaéreo	tup-e zedd-e havāyi	توپ ضد هوایی
tanque (m)	tānk	تانک
canhão (de um tanque)	tup	توپ

artilharia (f)	tupxāne	توپخانه
canhão (m)	tofang	تفنگ
fazer a pontaria	šhellik kardan	شلیک کردن

obus (m)	xompāre	خمپاره
granada (f) de morteiro	xompāre	خمپاره
morteiro (m)	xompāre andāz	خمپاره انداز
estilhaço (m)	tarkeš	ترکش

submarino (m)	zirdaryāyi	زیردریایی
torpedo (m)	eždar	اژدر
míssil (m)	mušak	موشک

carregar (uma arma)	por kardan	پر کردن
atirar, disparar (vi)	tirandāzi kardan	تیراندازی کردن
apontar para ...	nočāne raftan	نشانه رفتن
baioneta (f)	sarneyze	سرنیزه

espada (f)	šamšir	شمشیر
sabre (m)	šamšir	شمشیر
lança (f)	neyze	نیزه
arco (m)	kamān	کمان
flecha (f)	tir	تیر
mosquete (m)	tofang fetile-i	تفنگ فتیلهای
besta (f)	kamān zanburak-i	کمان زنبورکی

157. Povos da antiguidade

primitivo	avvaliye	اولیه
pré-histórico	piš az tārix	پیش از تاریخ
antigo	qadimi	قدیمی

Idade (f) da Pedra	asr-e hajar	عصر حجر
Idade (f) do Bronze	asr-e mafraq	عصر مفرغ
período (m) glacial	dowre-ye yaxbandān	دورهٔ یخبندان

tribo (f)	qabile	قبیله
canibal (m)	ādam xār	آدم خوار
caçador (m)	šekārči	شکارچی
caçar (vi)	šekār kardan	شکار کردن

mamute (m)	māmut	ماموت
caverna (f)	qār	غار
fogo (m)	ātaš	آتش
fogueira (f)	ātaš	آتش
pintura (f) rupestre	qār negāre	غار نگاره

ferramenta (f)	abzār-e kār	ابزار کار
lança (f)	neyze	نیزه
machado (m) de pedra	tabar-e sangi	تبر سنگی
guerrear (vt)	jangidan	جنگیدن
domesticar (vt)	rām kardan	رام کردن

ídolo (m)	bot	بت
adorar, venerar (vt)	parastidan	پرستیدن
superstição (f)	xorāfe	خرافه
ritual (m)	marāsem	مراسم

evolução (f)	takāmol	تکامل
desenvolvimento (m)	pišraft	پیشرفت
desaparecimento (m)	enqerāz	انقراض
adaptar-se (vr)	sāzgār šodan	سازگار شدن

arqueologia (f)	bāstān-šenāsi	باستان شناسی
arqueólogo (m)	bāstān-šenās	باستان شناس
arqueológico	bāstān-šenāsi	باستان شناسی

local (m) das escavações	mahall-e haffārihā	محل حفاری ها
escavações (f pl)	haffāri-hā	حفاری ها
achado (m)	yāfteh	یافته
fragmento (m)	qetʿe	قطعه

158. Idade média

povo (m)	mellat	ملت
povos (m pl)	mellat-hā	ملت ها
tribo (f)	qabile	قبیله
tribos (f pl)	qabāyel	قبایل

bárbaros (m pl)	barbar-hā	بربر ها
gauleses (m pl)	gul-hā	گول ها
godos (m pl)	gat-hā	گت ها
eslavos (m pl)	eslāv-hā	اسلاو ها
víquingues (m pl)	vāyking-hā	وایکینگ ها

| romanos (m pl) | rumi-hā | رومی ها |
| romano | rumi | رومی |

bizantinos (m pl)	bizānsi-hā	بیزانسی ها
Bizâncio	bizāns	بیزانس
bizantino	bizānsi	بیزانسی

imperador (m)	emperātur	امپراطور
líder (m)	rahbar	رهبر
poderoso	moqtader	مقتدر

| rei (m) | šāh | شاه |
| governante (m) | hākem | حاکم |

cavaleiro (m)	šovālie	شوالیه
senhor feudal (m)	feodāl	فئودال
feudal	feodāli	فئودالی
vassalo (m)	ra'yat	رعیت

duque (m)	duk	دوک
conde (m)	kont	کنت
barão (m)	bāron	بارون
bispo (m)	osqof	اسقف

armadura (f)	zereh	زره
escudo (m)	separ	سپر
espada (f)	šamšir	شمشیر
viseira (f)	labe-ye kolāh	لبه کلاه
cota (f) de malha	jowšan	جوشن

| cruzada (f) | jang-e salibi | جنگ صلیبی |
| cruzado (m) | jangju-ye salibi | جنگجوی صلیبی |

| território (m) | qalamrow | قلمرو |
| atacar (vt) | hamle kardan | حمله کردن |

| conquistar (vt) | fath kardan | فتح کردن |
| ocupar, invadir (vt) | ešqāl kardan | اشغال کردن |

assédio, sitio (m)	mohāsere	محاصره
sitiado	mahsur	محصور
assediar, sitiar (vt)	mohāsere kardan	محاصره کردن

inquisição (f)	taftiš-e aqāyed	تفتیش عقاید
inquisidor (m)	mofatteš	مفتش
tortura (f)	šekanje	شکنجه
cruel	bi rahm	بی رحم

| herege (m) | molhed | ملحد |
| heresia (f) | ertedād | ارتداد |

navegação (f) marítima	daryānavardi	دریانوردی
pirata (m)	dozd-e daryāyi	دزد دریایی
pirataria (f)	dozdi-ye daryāyi	دزدی دریایی
abordagem (f)	hamle ruye arše	حمله روی عرشه

| presa (f), butim (m) | qanimat | غنیمت |
| tesouros (m pl) | ganj | گنج |

descobrimento (m)	kašf	کشف
descobrir (novas terras)	kašf kardan	کشف کردن
expedição (f)	safar	سفر

mosqueteiro (m)	tofangdār	تفنگدار
cardeal (m)	kārdināl	کاردینال
heráldica (f)	nešān-šenāsi	نشان شناسی
heráldico	manquš	منقوش

159. Líder. Chefe. Autoridades

rei (m)	šāh	شاه
rainha (f)	maleke	ملکه
real	šāhi	شاهی
reino (m)	pādšāhi	پادشاهی
príncipe (m)	šāhzāde	شاهزاده
princesa (f)	pranses	پرنسس
presidente (m)	ra'is jomhur	رئیس جمهور
vice-presidente (m)	mo'āven-e rais-e jomhur	معاون رئیس جمهور
senador (m)	senātor	سناتور
monarca (m)	pādšāh	پادشاه
governante (m)	hākem	حاکم
ditador (m)	diktātor	دیکتاتور
tirano (m)	zālem	ظالم
magnata (m)	najib zāde	نجیب زاده
diretor (m)	modir	مدیر
chefe (m)	ra'is	رئیس
dirigente (m)	modir	مدیر
patrão (m)	ra'is	رئیس
dono (m)	sāheb	صاحب
líder, chefe (m)	rahbar	رهبر
chefe (~ de delegação)	ra'is	رئیس
autoridades (f pl)	maqāmāt	مقامات
superiores (m pl)	roasā	رؤسا
governador (m)	farmāndār	فرماندار
cônsul (m)	konsul	کنسول
diplomata (m)	diplomāt	دیپلمات
Presidente (m) da Câmara	šahrdār	شهردار
xerife (m)	kalāntar	کلانتر
imperador (m)	emperātur	امپراطور
czar (m)	tezār	تزار
faraó (m)	fer'own	فرعون
cã (m)	xān	خان

160. Viloação da lei. Criminosos. Parte 1

bandido (m)	rāhzan	راهزن
crime (m)	jenāyat	جنایت
criminoso (m)	jenāyatkār	جنایتکار
ladrão (m)	dozd	دزد
roubar (vt)	dozdidan	دزدیدن
furto (m)	dozdi	دزدی
furto (m)	serqat	سرقت
raptar (ex. ~ uma criança)	ādam robudan	آدم ربودن

| rapto (m) | ādam robāyi | آدم ربایی |
| raptor (m) | ādam robā | آدم ربا |

| resgate (m) | bāj | باج |
| pedir resgate | bāj xāstan | باج خواستن |

roubar (vt)	serqat kardan	سرقت کردن
assalto, roubo (m)	serqat	سرقت
assaltante (m)	qāratgar	غارتگر

extorquir (vt)	axxāzi kardan	اخاذی کردن
extorsionário (m)	axxāz	اخاذ
extorsão (f)	axxāzi	اخاذی

matar, assassinar (vt)	koštan	کشتن
homicídio (m)	qatl	قتل
homicida, assassino (m)	qātel	قاتل

tiro (m)	tirandāzi	تیراندازی
dar um tiro	tirandāzi kardan	تیراندازی کردن
matar a tiro	bā tir zadan	با تیر زدن
atirar, disparar (vi)	tirandāzi kardan	تیراندازی کردن
tiroteio (m)	tirandāzi	تیراندازی

incidente (m)	vāqe'e	واقعه
briga (~ de rua)	zad-o xord	زد و خورد
Socorro!	komak!	کمک!
vítima (f)	qorbāni	قربانی

danificar (vt)	xesārat rosāndan	خسارت رساندن
dano (m)	xesārat	خسارت
cadáver (m)	jasad	جسد
grave	vaxim	وخیم

atacar (vt)	hamle kardan	حمله کردن
bater (espancar)	zadan	زدن
espancar (vt)	kotak zadan	کتک زدن
tirar, roubar (dinheiro)	bezur gereftan	به زور گرفتن
esfaquear (vt)	čāqu zadan	چاقو زدن
mutilar (vt)	ma'yub kardan	معیوب کردن
ferir (vt)	majruh kardan	مجروح کردن

chantagem (f)	šāntāž	شانتاژ
chantagear (vt)	axxāzi kardan	اخاذی کردن
chantagista (m)	axxāz	اخاذ

extorsão (em troca de proteção)	axxāzi	اخاذی
extorsionário (m)	axxāz	اخاذ
gângster (m)	gāngester	گانگستر
máfia (f)	māfiyā	مافیا

carteirista (m)	jib bor	جیب بر
assaltante, ladrão (m)	sāreq	سارق
contrabando (m)	qāčāq	قاچاق
contrabandista (m)	qāčāqči	قاچاقچی

falsificação (f)	qollābi	قلابی
falsificar (vt)	ja'l kardan	جعل کردن
falsificado	ja'li	جعلی

161. Viloação da lei. Criminosos. Parte 2

violação (f)	tajāvoz be nāmus	تجاوز به ناموس
violar (vt)	tajāvoz kardan	تجاوز کردن
violador (m)	zenā konande	زنا کننده
maníaco (m)	majnun	مجنون

prostituta (f)	fāheše	فاحشه
prostituição (f)	fāhešegi	فاحشگی
chulo (m)	jākeš	جاکش

| toxicodependente (m) | mo'tād | معتاد |
| traficante (m) | forušande-ye mavādd-e moxadder | فروشندهٔ مواد مخدر |

explodir (vt)	monfajer kardan	منفجر کردن
explosão (f)	enfejār	انفجار
incendiar (vt)	ātaš zadan	آتش زدن
incendiário (m)	ātaš afruz	آتش افروز

terrorismo (m)	terorism	تروریسم
terrorista (m)	terorist	تروریست
refém (m)	gerowgān	گروگان

enganar (vt)	farib dādan	فریب دادن
engano (m)	farib	فریب
vigarista (m)	hoqqe bāz	حقه باز

subornar (vt)	rešve dādan	رشوه دادن
suborno (atividade)	rešve	رشوه
suborno (dinheiro)	rešve	رشوه

veneno (m)	zahr	زهر
envenenar (vt)	masmum kardan	مسموم کردن
envenenar-se (vr)	masmum šodan	مسموم شدن

| suicídio (m) | xod-koši | خودکشی |
| suicida (m) | xod-koši konande | خودکشی کننده |

ameaçar (vt)	tahdid kardan	تهدید کردن
ameaça (f)	tahdid	تهدید
atentar contra a vida de ...	su'-e qasd kardan	سوء قصد کردن
atentado (m)	su'-e qasd	سوء قصد

| roubar (o carro) | robudan | ربودن |
| desviar (o avião) | havāpeymā robāyi | هواپیما ربایی |

vingança (f)	enteqām	انتقام
vingar (vt)	enteqām gereftan	انتقام گرفتن
torturar (vt)	šekanje dādan	شکنجه دادن

| tortura (f) | šekanje | شكنجه |
| atormentar (vt) | aziyat kardan | اذیت کردن |

pirata (m)	dozd-e daryāyi	دزد دریایی
desordeiro (m)	owbāš	اوباش
armado	mosallah	مسلح
violência (f)	xošunat	خشونت
ilegal	qeyr-e qānuni	غیر قانونی

| espionagem (f) | jāsusi | جاسوسی |
| espionar (vi) | jāsusi kardan | جاسوسی کردن |

162. Polícia. Lei. Parte 1

| justiça (f) | edālat | عدالت |
| tribunal (m) | dādgāh | دادگاه |

juiz (m)	qāzi	قاضی
jurados (m pl)	hey'at-e monsefe	هیئت منصفه
tribunal (m) do júri	hey'at-e monsefe	هیئت منصفه
julgar (vt)	mohākeme kardan	محاکمه کردن

advogado (m)	vakil	وکیل
réu (m)	mottaham	متهم
banco (m) dos réus	jāygāh-e mottaham	جایگاه متهم

| acusação (f) | ettehām | اتهام |
| acusado (m) | mottaham | متهم |

| sentença (f) | hokm | حکم |
| sentenciar (vt) | mahkum kardan | محکوم کردن |

culpado (m)	moqasser	مقصر
punir (vt)	mojāzāt kardan	مجازات کردن
punição (f)	mojāzāt	مجازات

multa (f)	jarime	جریمه
prisão (f) perpétua	habs-e abad	حبس ابد
pena (f) de morte	e'dām	اعدام
cadeira (f) elétrica	sandali-ye barqi	صندلی برقی
forca (f)	čube-ye dār	چوبه دار

| executar (vt) | e'dām kardan | اعدام کردن |
| execução (f) | e'dām | اعدام |

| prisão (f) | zendān | زندان |
| cela (f) de prisão | sellul-e zendān | سلول زندان |

escolta (f)	eskort	اسکورت
guarda (m) prisional	negahbān zendān	نگهبان زندان
preso (m)	zendāni	زندانی

| algemas (f pl) | dastband | دستبند |
| algemar (vt) | dastband zadan | دستبند زدن |

fuga, evasão (f)	farār	فرار
fugir (vi)	farār kardan	فرار کردن
desaparecer (vi)	nāpadid šodan	ناپدید شدن
soltar, libertar (vt)	āzād kardan	آزاد کردن
amnistia (f)	afv-e omumi	عفو عمومی
polícia (instituição)	polis	پلیس
polícia (m)	polis	پلیس
esquadra (f) de polícia	kalāntari	کلانتری
cassetete (m)	bātum	باتوم
megafone (m)	bolandgu	بلندگو
carro (m) de patrulha	māšin-e gašt	ماشین گشت
sirene (f)	āžir-e xatar	آژیر خطر
ligar a sirene	āžir rā rowšan kardan	آژیررا روشن کردن
toque (m) da sirene	sedā-ye āžir	صدای آژیر
cena (f) do crime	mahall-e jenāyat	محل جنایت
testemunha (f)	šāhed	شاهد
liberdade (f)	āzādi	آزادی
cúmplice (m)	hamdast	همدست
escapar (vi)	maxfi šodan	مخفی شدن
traço (não deixar ~s)	rad	رد

163. Polícia. Lei. Parte 2

procura (f)	jostoju	جستجو
procurar (vt)	jostoju kardan	جستجو کردن
suspeita (f)	šok	شک
suspeito	maškuk	مشکوک
parar (vt)	motevaghef kardan	متوقف کردن
deter (vt)	dastgir kardan	دستگیر کردن
caso (criminal)	parvande	پرونده
investigação (f)	tahqiq	تحقیق
detetive (m)	kārāgāh	کارآگاه
investigador (m)	bāzpors	بازپرس
versão (f)	farziye	فرضیه
motivo (m)	angize	انگیزه
interrogatório (m)	bāzporsi	بازپرسی
interrogar (vt)	bāzporsi kardan	بازپرسی کردن
questionar (vt)	estentāq kardan	استنطاق کردن
verificação (f)	taftiš	تفتیش
batida (f) policial	mohāsere	محاصره
busca (f)	taftiš	تفتیش
perseguição (f)	ta'qib	تعقیب
perseguir (vt)	ta'qib kardan	تعقیب کردن
seguir (vt)	donbāl kardan	دنبال کردن
prisão (f)	bāzdāšt	بازداشت
prender (vt)	bāzdāšt kardan	بازداشت کردن
pegar, capturar (vt)	dastgir kardan	دستگیر کردن

captura (f)	dastgiri	دستگیری
documento (m)	sanad	سند
prova (f)	esbāt	اثبات
provar (vt)	esbāt kardan	اثبات کردن
pegada (f)	rad-e pā	رد پا
impressões (f pl) digitais	asar-e angošt	اثر انگشت
prova (f)	šavāhed	شواهد

álibi (m)	ozr-e qeybat	عذر غیبت
inocente	bi gonāh	بی گناه
injustiça (f)	bi edālati	بی عدالتی
injusto	qeyr-e ādelāne	غیر عادلانه

criminal	jenāyi	جنایی
confiscar (vt)	mosādere kardan	مصادره کردن
droga (f)	mavādd-e moxadder	مواد مخدر
arma (f)	selāh	سلاح
desarmar (vt)	xalʿ-e selāh kardan	خلع سلاح کردن
ordenar (vt)	farmān dādan	فرمان دادن
desaparecer (vi)	nāpadid šodan	ناپدید شدن

lei (f)	qānun	قانون
legal	qānuni	قانونی
ilegal	qeyr-e qānuni	غیر قانونی

| responsabilidade (f) | masʿuliyat | مسئولیت |
| responsável | masʿul | مسئول |

NATUREZA

A Terra. Parte 1

164. Espaço sideral

cosmos (m)	fazā	فضا
cósmico	fazāyi	فضایی
espaço (m) cósmico	fazā-ye keyhān	فضای کیهان
mundo (m)	jahān	جهان
universo (m)	giti	گیتی
galáxia (f)	kahkešān	کهکشان
estrela (f)	setāre	ستاره
constelação (f)	surat-e falaki	صورت فلکی
planeta (m)	sayyāre	سیاره
satélite (m)	māhvāre	ماهواره
meteorito (m)	sang-e āsmāni	سنگ آسمانی
cometa (m)	setāre-ye donbāle dār	ستارۀ دنباله دار
asteroide (m)	šahāb	شهاب
órbita (f)	madār	مدار
girar (vi)	gardidan	گردیدن
atmosfera (f)	jav	جو
Sol (m)	āftāb	آفتاب
Sistema (m) Solar	manzume-ye šamsi	منظومه شمسی
eclipse (m) solar	kosuf	کسوف
Terra (f)	zamin	زمین
Lua (f)	māh	ماه
Marte (m)	merrix	مریخ
Vénus (f)	zahre	زهره
Júpiter (m)	moštari	مشتری
Saturno (m)	zohal	زحل
Mercúrio (m)	atārod	عطارد
Urano (m)	orānus	اورانوس
Neptuno (m)	nepton	نپتون
Plutão (m)	poloton	پلوتون
Via Láctea (f)	kahkešān rāh-e širi	کهکشان راه شیری
Ursa Maior (f)	dobb-e akbar	دب اکبر
Estrela Polar (f)	setāre-ye qotbi	ستاره قطبی
marciano (m)	merrixi	مریخی
extraterrestre (m)	farā zamini	فرا زمینی

alienígena (m)	mowjud fazāyi	موجود فضایی
disco (m) voador	bošqāb-e parande	بشقاب پرنده

nave (f) espacial	fazā peymā	فضا پیما
estação (f) orbital	istgāh-e fazāyi	ایستگاه فضایی
lançamento (m)	rāh andāzi	راه اندازی

motor (m)	motor	موتور
bocal (m)	nāzel	نازل
combustível (m)	suxt	سوخت

cabine (f)	kābin	کابین
antena (f)	ānten	آنتن
vigia (f)	panjere	پنجره
bateria (f) solar	bātri-ye xoršidi	باطری خورشیدی
traje (m) espacial	lebās-e fazānavardi	لباس فضانوردی

imponderabilidade (f)	bi vazni	بی وزنی
oxigénio (m)	oksižen	اکسیژن

acoplagem (f)	vasl	وصل
fazer uma acoplagem	vasl kardan	وصل کردن

observatório (m)	rasadxāne	رصدخانه
telescópio (m)	teleskop	تلسکوپ
observar (vt)	mošāhede kardan	مشاهده کردن
explorar (vt)	kašf kardan	کشف کردن

165. A Terra

Terra (f)	zamin	زمین
globo terrestre (Terra)	kare-ye zamin	کرۀ زمین
planeta (m)	sayyāre	سیاره

atmosfera (f)	jav	جو
geografia (f)	joqrāfiyā	جغرافیا
natureza (f)	tabi'at	طبیعت

globo (mapa esférico)	kare-ye joqrāfiyāyi	کرۀ جغرافیایی
mapa (m)	naqše	نقشه
atlas (m)	atlas	اطلس

Europa (f)	orupā	اروپا
Ásia (f)	āsiyā	آسیا

África (f)	āfriqā	آفریقا
Austrália (f)	ostorāliyā	استرالیا

América (f)	emrikā	امریکا
América (f) do Norte	emrikā-ye šomāli	امریکای شمالی
América (f) do Sul	emrikā-ye jonubi	امریکای جنوبی

Antártida (f)	qotb-e jonub	قطب جنوب
Ártico (m)	qotb-e šomāl	قطب شمال

166. Pontos cardeais

norte (m)	šomāl	شمال
para norte	be šomāl	به شمال
no norte	dar šomāl	در شمال
do norte	šomāli	شمالی
sul (m)	jonub	جنوب
para sul	be jonub	به جنوب
no sul	dar jonub	در جنوب
do sul	jonubi	جنوبی
oeste, ocidente (m)	qarb	غرب
para oeste	be qarb	به غرب
no oeste	dar qarb	در غرب
ocidental	qarbi	غربی
leste, oriente (m)	šarq	شرق
para leste	be šarq	به شرق
no leste	dar šarq	در شرق
oriental	šarqi	شرقی

167. Mar. Oceano

mar (m)	daryā	دریا
oceano (m)	oqyānus	اقیانوس
golfo (m)	xalij	خلیج
estreito (m)	tange	تنگه
terra (f) firme	zamin	زمین
continente (m)	qāre	قاره
ilha (f)	jazire	جزیره
península (f)	šeb-e jazire	شبه جزیره
arquipélago (m)	majma'-ol-jazāyer	مجمع‌الجزایر
baía (f)	xalij-e kučak	خلیج کوچک
porto (m)	langargāh	لنگرگاه
lagoa (f)	mordāb	مرداب
cabo (m)	damāqe	دماغه
atol (m)	jazire-ye marjāni	جزیره مرجانی
recife (m)	tappe-ye daryāyi	تپه دریایی
coral (m)	marjān	مرجان
recife (m) de coral	tappe-ye marjāni	تپه مرجانی
profundo	amiq	عمیق
profundidade (f)	omq	عمق
abismo (m)	partgāh	پرتگاه
fossa (f) oceânica	derāz godāl	درازگودال
corrente (f)	jaryān	جریان
banhar (vt)	ehāte kardan	احاطه کردن

| litoral (m) | sāhel | ساحل |
| costa (f) | sāhel | ساحل |

maré (f) alta	mod	مد
refluxo (m), maré (f) baixa	jazr	جزر
restinga (f)	sāhel-e šeni	ساحل شنی
fundo (m)	qa'r	قعر

onda (f)	mowj	موج
crista (f) da onda	nok	نوک
espuma (f)	kaf	کف

tempestade (f)	tufān-e daryāyi	طوفان دریایی
furacão (m)	tufān	طوفان
tsunami (m)	sonāmi	سونامی
calmaria (f)	sokun-e daryā	سکون دریا
calmo	ārām	آرام

| polo (m) | qotb | قطب |
| polar | qotbi | قطبی |

latitude (f)	arz-e joqrāfiyāyi	عرض جغرافیایی
longitude (f)	tul-e joqrāfiyāyi	طول جغرافیایی
paralela (f)	movāzi	موازی
equador (m)	xatt-e ostavā	خط استوا

céu (m)	āsemān	آسمان
horizonte (m)	ofoq	افق
ar (m)	havā	هوا

farol (m)	fānus-e daryāyi	فانوس دریایی
mergulhar (vi)	širje raftan	شیرجه رفتن
afundar-se (vr)	qarq šodan	غرق شدن
tesouros (m pl)	ganj	گنج

168. Montanhas

montanha (f)	kuh	کوه
cordilheira (f)	rešte-ye kuh	رشته کوه
serra (f)	selsele-ye jebāl	سلسله جبال

cume (m)	qolle	قله
pico (m)	qolle	قله
sopé (m)	dāmane-ye kuh	دامنهٔ کوه
declive (m)	šib	شیب

vulcão (m)	ātaš-fešān	آتشفشان
vulcão (m) ativo	ātaš-fešān-e fa'āl	آتش فشان فعال
vulcão (m) extinto	ātaš-fešān-e xāmuš	آتش فشان خاموش

erupção (f)	favarān	فوران
cratera (f)	dahāne-ye ātašfešān	دهانهٔ آتش فشان
magma (m)	māgmā	ماگما
lava (f)	godāze	گدازه

fundido (lava ~a)	godāxte	گداخته
desfiladeiro (m)	tange	تنگ
garganta (f)	darre-ye tang	دره تنگ
fenda (f)	tange	تنگ
precipício (m)	partgāh	پرتگاه

passo, colo (m)	gozargāh	گذرگاه
planalto (m)	falāt	فلات
falésia (f)	saxre	صخره
colina (f)	tappe	تپه

glaciar (m)	yaxčāl	يخچال
queda (f) d'água	ābšār	آبشار
géiser (m)	češme-ye āb-e garm	چشمهٔ آب گرم
lago (m)	daryāče	درياچه

planície (f)	jolge	جلگه
paisagem (f)	manzare	منظره
eco (m)	en'ekās-e sowt	انعكاس صوت

alpinista (m)	kuhnavard	كوهنورد
escalador (m)	saxre-ye navard	صخره نورد
conquistar (vt)	fath kardan	فتح كردن
subida, escalada (f)	so'ud	صعود

169. Rios

rio (m)	rudxāne	رودخانه
fonte, nascente (f)	češme	چشمه
leito (m) do rio	bastar	بستر
bacia (f)	howze	حوضه
desaguar no ...	rixtan	ريختن

afluente (m)	enše'āb	انشعاب
margem (do rio)	sāhel	ساحل

corrente (f)	jaryān	جريان
rio abaixo	be samt-e pāin-e rudxāne	به سمت پائين رودخانه
rio acima	be samt-e bālā-ye rudxāne	به سمت بالای رودخانه

inundação (f)	seyl	سيل
cheia (f)	toqyān	طغيان
transbordar (vi)	toqyān kardan	طغيان كردن
inundar (vt)	toqyān kardan	طغيان كردن

banco (m) de areia	tangāb	تنگاب
rápidos (m pl)	tondāb	تندآب

barragem (f)	sad	سد
canal (m)	kānāl	كانال
reservatório (m) de água	maxzan-e āb	مخزن آب
eclusa (f)	ābgir	آبگير
corpo (m) de água	maxzan-e āb	مخزن آب
pântano (m)	bātlāq	باتلاق

| tremedal (m) | lajan zār | لجن زار |
| remoinho (m) | gerdāb | گرداب |

arroio, regato (m)	ravad	رود
potável	āšāmidani	آشامیدنی
doce (água)	širin	شیرین

| gelo (m) | yax | یخ |
| congelar-se (vr) | yax bastan | یخ بستن |

170. Floresta

| floresta (f), bosque (m) | jangal | جنگل |
| florestal | jangali | جنگلی |

mata (f) cerrada	jangal-e anbuh	جنگل انبوه
arvoredo (m)	biše	بیشه
clareira (f)	marqzār	مرغزار

| matagal (m) | biše-hā | بیشه ها |
| mato (m) | bute zār | بوته زار |

| vereda (f) | kure-ye rāh | کوره راه |
| ravina (f) | darre | دره |

árvore (f)	deraxt	درخت
folha (f)	barg	برگ
folhagem (f)	šāx-o barg	شاخ و برگ

queda (f) das folhas	barg rizi	برگ ریزی
cair (vi)	rixtan	ریختن
topo (m)	nok	نوک

ramo (m)	šāxe	شاخه
galho (m)	šāxe	شاخه
botão, rebento (m)	šokufe	شکوفه
agulha (f)	suzan	سوزن
pinha (f)	maxrut-e kāj	مخروط کاج

buraco (m) de árvore	surāx	سوراخ
ninho (m)	lāne	لانه
toca (f)	lāne	لانه

tronco (m)	tane	تنه
raiz (f)	riše	ریشه
casca (f) de árvore	pust	پوست
musgo (m)	xaze	خزه

arrancar pela raiz	rišekan kardan	ریشه کن کردن
cortar (vt)	boridan	بریدن
desflorestar (vt)	boridan	بریدن
toco, cepo (m)	kande-ye deraxt	کنده درخت
fogueira (f)	ātaš	آتش
incêndio (m) florestal	ātaš suzi	آتش سوزی

apagar (vt)	xāmuš kardan	خاموش کردن
guarda-florestal (m)	jangal bān	جنگل بان
proteção (f)	mohāfezat	محافظت
proteger (a natureza)	mohāfezat kardan	محافظت کردن
caçador (m) furtivo	šekārči-ye qeyr-e qānuni	شکارچی غیر قانونی
armadilha (f)	tale	تله

| colher (cogumelos, bagas) | čidan | چیدن |
| perder-se (vr) | gom šodan | گم شدن |

171. Recursos naturais

recursos (m pl) naturais	manābe-ʿe tabii	منابع طبیعی
minerais (m pl)	mavādd-e maʿdani	مواد معدنی
depósitos (m pl)	tah nešast	ته نشست
jazida (f)	meydān	میدان

extrair (vt)	estexrāj kardan	استخراج کردن
extração (f)	estexrāj	استخراج
minério (m)	sang-e maʿdani	سنگ معدنی
mina (f)	maʿdan	معدن
poço (m) de mina	maʿdan	معدن
mineiro (m)	maʿdanči	معدنچی

| gás (m) | gāz | گاز |
| gasoduto (m) | lule-ye gāz | لولهٔ گاز |

petróleo (m)	naft	نفت
oleoduto (m)	lule-ye naft	لولهٔ نفت
poço (m) de petróleo	čāh-e naft	چاه نفت
torre (f) petrolífera	dakal-e haffāri	دکل حفاری
petroleiro (m)	tānker	تانکر
areia (f)	šen	شن
calcário (m)	sang-e āhak	سنگ آهک
cascalho (m)	sangrize	سنگریزه
turfa (f)	turb	تورب
argila (f)	xāk-e ros	خاک رس
carvão (m)	zoqāl sang	زغال سنگ

ferro (m)	āhan	آهن
ouro (m)	talā	طلا
prata (f)	noqre	نقره
níquel (m)	nikel	نیکل
cobre (m)	mes	مس

zinco (m)	ruy	روی
manganês (m)	mangenez	منگنز
mercúrio (m)	jive	جیوه
chumbo (m)	sorb	سرب

mineral (m)	mādde-ye maʿdani	مادهٔ معدنی
cristal (m)	bolur	بلور
mármore (m)	marmar	مرمر
urânio (m)	orāniyom	اورانیوم

A Terra. Parte 2

172. Tempo

tempo (m)	havā	هوا
previsão (f) do tempo	piš bini havā	پیش بینی هوا
temperatura (f)	damā	دما
termómetro (m)	damāsanj	دماسنج
barómetro (m)	havāsanj	هواسنج
húmido	martub	مرطوب
humidade (f)	rotubat	رطوبت
calor (m)	garmā	گرما
cálido	dāq	داغ
está muito calor	havā xeyli garm ast	هوا خیلی گرم است
está calor	havā garm ast	هوا گرم است
quente	garm	گرم
está frio	sard ast	سرد است
frio	sard	سرد
sol (m)	āftāh	آفتاب
brilhar (vi)	tābidan	تابیدن
de sol, ensolarado	āftābi	آفتابی
nascer (vi)	tolu' kardan	طلوع کردن
pôr-se (vr)	qorob kardan	غروب کردن
nuvem (f)	abr	ابر
nublado	abri	ابری
nuvem (f) preta	abr-e bārānzā	ابر باران زا
escuro, cinzento	tire	تیره
chuva (f)	bārān	باران
está a chover	bārān mibārad	باران می بارد
chuvoso	bārāni	بارانی
chuviscar (vi)	nam-nam bāridan	نم نم باریدن
chuva (f) torrencial	bārān šodid	باران شدید
chuvada (f)	ragbār	رگبار
forte (chuva)	šadid	شدید
poça (f)	čāle	چاله
molhar-se (vr)	xis šodan	خیس شدن
nevoeiro (m)	meh	مه
de nevoeiro	meh ālud	مه آلود
neve (f)	barf	برف
está a nevar	barf mibārad	برف می بارد

173. Tempo extremo. Catástrofes naturais

trovoada (f)	tufān	طوفان
relâmpago (m)	barq	برق
relampejar (vi)	barq zadan	برق زدن
trovão (m)	ra'd	رعد
trovejar (vi)	qorridan	غریدن
está a trovejar	ra'd mizanad	رعد می زند
granizo (m)	tagarg	تگرگ
está a cair granizo	tagarg mibārad	تگرگ می بارد
inundar (vt)	toqyān kardan	طغیان کردن
inundação (f)	seyl	سیل
terremoto (m)	zamin-larze	زمین لرزه
abalo, tremor (m)	tekān	تکان
epicentro (m)	kānun-e zaminlarze	کانون زمین لرزه
erupção (f)	favarān	فوران
lava (f)	godāze	گدازه
turbilhão, tornado (m)	gerdbād	گردباد
tufão (m)	tufān	طوفان
furacão (m)	tufān	طوفان
tempestade (f)	tufān	طوفان
tsunami (m)	sonāmi	سونامی
ciclone (m)	gerdbād	گردباد
mau tempo (m)	havā-ye bad	هوای بد
incêndio (m)	ātaš suzi	آتش سوزی
catástrofe (f)	balā-ye tabi'i	بلای طبیعی
meteorito (m)	sang-e āsmāni	سنگ آسمانی
avalanche (f)	bahman	بهمن
deslizamento (m) de neve	bahman	بهمن
nevasca (f)	kulāk	کولاک
tempestade (f) de neve	barf-o burān	برف و بوران

Fauna

174. Mamíferos. Predadores

predador (m)	heyvān-e darande	حیوان درنده
tigre (m)	bebar	ببر
leão (m)	šir	شیر
lobo (m)	gorg	گرگ
raposa (f)	rubāh	روباه

jaguar (m)	jagvār	جگوار
leopardo (m)	palang	پلنگ
chita (f)	yuzpalang	یوزپلنگ

pantera (f)	palang-e siyāh	پلنگ سیاه
puma (m)	yuzpalang	یوزپلنگ
leopardo-das-neves (m)	palang-e barfi	پلنگ برفی
lince (m)	siyāh guš	سیاه گوش

coiote (m)	gorg-e sahrāyi	گرگ صحرایی
chacal (m)	šoqāl	شغال
hiena (f)	kaftār	کفتار

175. Animais selvagens

animal (m)	heyvān	حیوان
besta (f)	heyvān	حیوان

esquilo (m)	sanjāb	سنجاب
ouriço (m)	xārpošt	خارپشت
lebre (f)	xarguš	خرگوش
coelho (m)	xarguš	خرگوش

texugo (m)	gurkan	گورکن
guaxinim (m)	rākon	راکون
hamster (m)	muš-e bozorg	موش بزرگ
marmota (f)	muš-e xormā-ye kuhi	موش خرمای کوهی

toupeira (f)	muš-e kur	موش کور
rato (m)	muš	موش
ratazana (f)	muš-e sahrāyi	موش صحرایی
morcego (m)	xoffāš	خفاش

arminho (m)	qāqom	قاقم
zibelina (f)	samur	سمور
marta (f)	samur	سمور
doninha (f)	rāsu	راسو
vison (m)	tıre-ye rāsu	تیره راسو

| castor (m) | sag-e ābi | سگ آبی |
| lontra (f) | samur ābi | سمور آبی |

cavalo (m)	asb	اسب
alce (m)	gavazn	گوزن
veado (m)	āhu	آهو
camelo (m)	šotor	شتر

bisão (m)	gāvmiš	گاومیش
auroque (m)	gāv miš	گاو میش
búfalo (m)	bufālo	بوفالو

zebra (f)	gurexar	گورخر
antílope (m)	boz-e kuhi	بز کوهی
corça (f)	šukā	شوکا
gamo (m)	qazāl	غزال
camurça (f)	boz-e kuhi	بز کوهی
javali (m)	gorāz	گراز

baleia (f)	nahang	نهنگ
foca (f)	fak	فک
morsa (f)	širmāhi	شیرماهی
urso-marinho (m)	gorbe-ye ābi	گربۀ آبی
golfinho (m)	delfin	دلفین

urso (m)	xers	خرس
urso (m) branco	xers-e sefid	خرس سفید
panda (m)	pāndā	پاندا

macaco (em geral)	meymun	میمون
chimpanzé (m)	šampānze	شمپانزه
orangotango (m)	orāngutān	اورانگوتان
gorila (m)	guril	گوریل
macaco (m)	mākāk	ماکاک
gibão (m)	gibon	گیبون

elefante (m)	fil	فیل
rinoceronte (m)	kargadan	کرگدن
girafa (f)	zarrāfe	زرافه
hipopótamo (m)	asb-e ābi	اسب آبی

| canguru (m) | kāngoro | کانگورو |
| coala (m) | kovālā | کوالا |

mangusto (m)	xadang	خدنگ
chinchila (m)	čin čila	چین چیلا
doninha-fedorenta (f)	rāsu-ye badbu	راسوی بدبو
porco-espinho (m)	taši	تشی

176. Animais domésticos

gata (f)	gorbe	گربه
gato (m) macho	gorbe-ye nar	گربۀ نر
cão (m)	sag	سگ

cavalo (m)	asb	اسب
garanhão (m)	asb-e nar	اسب نر
égua (f)	mādiyān	مادیان

vaca (f)	gāv	گاو
touro (m)	gāv-e nar	گاو نر
boi (m)	gāv-e axte	گاو اخته

ovelha (f)	gusfand	گوسفند
carneiro (m)	gusfand-e nar	گوسفند نر
cabra (f)	boz-e mādde	بز ماده
bode (m)	boz-e nar	بز نر

| burro (m) | xar | خر |
| mula (f) | qāter | قاطر |

porco (m)	xuk	خوک
leitão (m)	bače-ye xuk	بچۀ خوک
coelho (m)	xarguš	خرگوش

| galinha (f) | morq | مرغ |
| galo (m) | xorus | خروس |

pata (f)	ordak	اردک
pato (macho)	ordak-e nar	اردک نر
ganso (m)	qāz	غاز

| peru (m) | buqalamun-e nar | بوقلمون نر |
| perua (f) | buqalamun-e māde | بوقلمون ماده |

animais (m pl) domésticos	heyvānāt-e ahli	حیوانات اهلی
domesticado	ahli	اهلی
domesticar (vt)	rām kardan	رام کردن
criar (vt)	parvareš dādan	پرورش دادن

quinta (f)	mazrae	مزرعه
aves (f pl) domésticas	morq-e xānegi	مرغ خانگی
gado (m)	dām	دام
rebanho (m), manada (f)	galle	گله

estábulo (m)	establ	اصطبل
pocilga (f)	āqol xuk	آغل خوک
estábulo (m)	āqol gāv	آغل گاو
coelheira (f)	lanye xarguš	لانه خرگوش
galinheiro (m)	morq dāni	مرغ دانی

177. Cães. Raças de cães

cão (m)	sag	سگ
cão pastor (m)	sag-e gele	سگ گله
pastor-alemão (m)	sag-e ĵerman šeperd	سگ ژرمن شپرد
caniche (m)	pudel	پودل
teckel (m)	sag-e pākutāh	سگ پاکوتاه
buldogue (m)	buldāg	بولداگ

boxer (m)	boksor	بوکسور
mastim (m)	māstif	ماستیف
rottweiler (m)	rotveylir	روتویلیر
dobermann (m)	dobermen	دوبرمن

basset (m)	ba's-at	باست
pastor inglês (m)	dam čatri	دم چتری
dálmata (m)	dālmāsi	دالماسی
cocker spaniel (m)	kākir spāniyel	کاکیر سپانییل

| terra-nova (m) | nyufāundland | نیوفاوندلند |
| são-bernardo (m) | sant bernārd | سنت برنارد |

husky (m)	sag-e surtme	سگ سورتمه
Chow-chow (m)	čāu-čāu	چاو-چاو
spitz alemão (m)	espitz	اسپیتز
carlindogue (m)	pāg	پاگ

178. Sons produzidos pelos animais

latido (m)	vāq vāq	واق واق
latir (vi)	vāq-vāq kardan	واق واق کردن
miar (vi)	miyu-miyu kardan	میو میو کردن
ronronar (vi)	xor-xor kardan	خرخر کردن

mugir (vaca)	mu-mu kardan	مو مو کردن
bramir (touro)	na're kešidan	نعره کشیدن
rosnar (vi)	qorqor kardan	غرغر کردن

uivo (m)	zuze	زوزه
uivar (vi)	zuze kešidan	زوزه کشیدن
ganir (vi)	zuze kešidan	زوزه کشیدن

balir (vi)	ba'ba' kardan	بع بع کردن
grunhir (porco)	xor-xor kardan	خرخر کردن
guinchar (vi)	jiq zadan	جیغ زدن

coaxar (sapo)	qur-qur kardan	قورقور کردن
zumbir (inseto)	vez-vez kardan	وزوز کردن
estridular, ziziar (vi)	jir-jir kardan	جیر جیر کردن

179. Pássaros

pássaro (m), ave (f)	parande	پرنده
pombo (m)	kabutar	کبوتر
pardal (m)	gonješk	گنجشک
chapim-real (m)	morq-e zanburxār	مرغ زنبورخوار
pega-rabuda (f)	zāqi	زاغی

corvo (m)	kalāq-e siyāh	کلاغ سیاه
gralha (f) cinzenta	kalāq	کلاغ
gralha-de-nuca-cinzenta (f)	zāq	زاغ

gralha-calva (f)	kalāq-e siyāh	كلاغ سياه
pato (m)	ordak	اردك
ganso (m)	qāz	غاز
faisão (m)	qarqāvol	قرقاول

águia (f)	oqāb	عقاب
açor (m)	qerqi	قرقى
falcão (m)	šāhin	شاهين

| abutre (m) | karkas | كركس |
| condor (m) | karkas-e emrikāyi | كركس امريكايى |

cisne (m)	qu	قو
grou (m)	dornā	درنا
cegonha (f)	lak lak	لك لك

papagaio (m)	tuti	طوطى
beija-flor (m)	morq-e magas-e xār	مرغ مگس خوار
pavão (m)	tāvus	طاووس

| avestruz (m) | šotormorq | شترمرغ |
| garça (f) | havāsil | حواصيل |

| flamingo (m) | felāmingo | فلامينگو |
| pelicano (m) | pelikān | پليكان |

| rouxinol (m) | bolbol | بلبل |
| andorinha (f) | parastu | پرستو |

tordo-zornal (m)	bāstarak	باسترك
tordo-músico (m)	torqe	طرقه
melro-preto (m)	tukā-ye siyāh	توكاى سياه

andorinhão (m)	bādxorak	بادخورك
cotovia (f)	čakāvak	چكاوك
codorna (f)	belderčin	بلدرچين

pica-pau (m)	dārkub	داركوب
cuco (m)	fāxte	فاخته
coruja (f)	joqd	جغد
corujão, bufo (m)	šāh buf	شاه بوف
tetraz-grande (m)	siāh xorus	سياه خروس

| tetraz-lira (m) | siāh xorus-e jangali | سياه خروس جنگلى |
| perdiz-cinzenta (f) | kabk | كبك |

estorninho (m)	sār	سار
canário (m)	qanāri	قنارى
galinha-do-mato (f)	siyāh xorus-e fandoqi	سياه خروس فندقى

| tentilhão (m) | sehre-ye jangali | سهره جنگلى |
| dom-fafe (m) | sohre sar-e siyāh | سهره سر سياه |

gaivota (f)	morq-e daryāyi	مرغ دريايى
albatroz (m)	morq-e daryāyi	مرغ دريايى
pinguim (m)	pangoan	پنگوئن

180. Pássaros. Canto e sons

cantar (vi)	xāndan	خواندن
gritar (vi)	faryād kardan	فریاد کردن
cantar (o galo)	ququli ququ kardan	قوقولی قوقو کردن
cocorocó (m)	ququli ququ	قوقولی قوقو
cacarejar (vi)	qodqod kardan	قدقد کردن
crocitar (vi)	qār-qār kardan	قارقار کردن
grasnar (vi)	qāt-qāt kardan	قات قات کردن
piar (vi)	jir-jir kardan	جیر جیر کردن
chilrear, gorjear (vi)	jik-jik kardan	جیک جیک کردن

181. Peixes. Animais marinhos

brema (f)	māhi-ye sim	ماهی سیم
carpa (f)	kapur	کپور
perca (f)	māhi-e luti	ماهی لوتی
siluro (m)	gorbe-ye māhi	گربه ماهی
lúcio (m)	ordak māhi	اردک ماهی
salmão (m)	māhi-ye salemon	ماهی سالمون
esturjão (m)	māhi-ye xāviār	ماهی خاویار
arenque (m)	māhi-ye šur	ماهی شور
salmão (m)	sālmon-e atlāntik	سالمون اتلانتیک
cavala, sarda (f)	māhi-ye esqumeri	ماهی اسقومری
solha (f)	sofre māhi	سفره ماهی
lúcio perca (m)	suf	سوف
bacalhau (m)	māhi-ye rowqan	ماهی روغن
atum (m)	tan māhi	تن ماهی
truta (f)	māhi-ye qezelālā	ماهی قزل آلا
enguia (f)	mārmāhi	مارماهی
raia elétrica (f)	partomahiye barqi	پرتوماهی برقی
moreia (f)	mārmāhi	مارماهی
piranha (f)	pirānā	پیرانا
tubarão (m)	kuse-ye māhi	کوسه ماهی
golfinho (m)	delfin	دلفین
baleia (f)	nahang	نهنگ
caranguejo (m)	xarčang	خرچنگ
medusa, alforreca (f)	arus-e daryāyi	عروس دریایی
polvo (m)	hašt pā	هشت پا
estrela-do-mar (f)	setāre-ye daryāyi	ستاره دریایی
ouriço-do-mar (m)	xārpošt-e daryāyi	خارپشت دریایی
cavalo-marinho (m)	asb-e daryāyi	اسب دریایی
ostra (f)	sadaf-e xorāki	صدف خوراکی
camarão (m)	meygu	میگو

| lavagante (m) | xarčang-e daryāyi | خرچنگ دريايى |
| lagosta (f) | xarčang-e xārdār | خرچنگ خاردار |

182. Amfíbios. Répteis

serpente, cobra (f)	mār	مار
venenoso	sammi	سمى
víbora (f)	af'i	افعى
cobra-capelo, naja (f)	kobrā	كبرا
pitão (m)	mār-e pinton	مار پيتون
jiboia (f)	mār-e bwa	مار بوا
cobra-de-água (f)	mār-e čaman	مار چمن
cascavel (f)	mār-e zangi	مار زنگى
anaconda (f)	mār-e ānākondā	مار آناكوندا
lagarto (m)	susmār	سوسمار
iguana (f)	susmār-e deraxti	سوسمار درختى
varano (m)	bozmajje	بزمجه
salamandra (f)	samandar	سمندر
camaleão (m)	āftāb-parast	آفتاب پرست
escorpião (m)	aqrab	عقرب
tartaruga (f)	lāk pošt	لاك پشت
rã (f)	qurbāqe	قورباغه
sapo (m)	vazaq	وزغ
crocodilo (m)	temsāh	تمساح

183. Insetos

inseto (m)	hašare	حشره
borboleta (f)	parvāne	پروانه
formiga (f)	murče	مورچه
mosca (f)	magas	مگس
mosquito (m)	paše	پشه
escaravelho (m)	susk	سوسك
vespa (f)	zanbur	زنبور
abelha (f)	zanbur-e asal	زنبور عسل
mamangava (f)	xar zanbur	خرزنبور
moscardo (m)	xarmagas	خرمگس
aranha (f)	ankabut	عنكبوت
teia (f) de aranha	tār-e ankabut	تارعنكبوت
libélula (f)	sanjāqak	سنجاقك
gafanhoto-do-campo (m)	malax	ملخ
traça (f)	bid	بيد
barata (f)	susk	سوسك
carraça (f)	kane	كنه

169

| pulga (f) | kak | کک |
| borrachudo (m) | paše-ye rize | پشه ریزه |

gafanhoto (m)	malax	ملخ
caracol (m)	halazun	حلزون
grilo (m)	jirjirak	جیرجیرک
pirilampo (m)	kerm-e šab-tāb	کرم شب تاب
joaninha (f)	kafšduzak	کفشدوزک
besouro (m)	susk bāldār	سوسک بالدار

sanguessuga (f)	zālu	زالو
lagarta (f)	kerm-e abrišam	کرم ابریشم
minhoca (f)	kerm	کرم
larva (f)	lārv	لارو

184. Animais. Partes do corpo

bico (m)	nok	نوک
asas (f pl)	bāl-hā	بال ها
pata (f)	panje	پنجه
plumagem (f)	por-o bāl	پر و بال
pena, pluma (f)	por	پر
crista (f)	kākol	کاکل

brânquias, guelras (f pl)	ābšoš	آبشش
ovas (f pl)	toxme mahi	تخم ماهی
larva (f)	lārv	لارو
barbatana (f)	bāle-ye māhi	باله ماهی
escama (f)	fals	فلس

canino (m)	niš	نیش
pata (f)	panje	پنجه
focinho (m)	puze	پوزه
boca (f)	dahān	دهان
cauda (f), rabo (m)	dam	دم
bigodes (m pl)	sebil	سبیل

| casco (m) | sam | سم |
| corno (m) | šāx | شاخ |

carapaça (f)	lāk	لاک
concha (f)	sadaf	صدف
casca (f) de ovo	puste	پوسته

| pelo (m) | pašm | پشم |
| pele (f), couro (m) | pust | پوست |

185. Animais. Habitats

hábitat	zistgāh	زیستگاه
migração (f)	mohājerat	مهاجرت
montanha (f)	kuh	کوه

| recife (m) | tappe-ye daryāyi | تپه دریایی |
| falésia (f) | saxre | صخره |

floresta (f)	jangal	جنگل
selva (f)	jangal	جنگل
savana (f)	sāvānā	ساوانا
tundra (f)	tondrā	توندرا

estepe (f)	estep	استپ
deserto (m)	biyābān	بیابان
oásis (m)	vāhe	واحه

mar (m)	daryā	دریا
lago (m)	daryāče	دریاچه
oceano (m)	oqyānus	اقیانوس

pântano (m)	bātlāq	باتلاق
de água doce	ab-e širin	آب شیرین
lagoa (f)	tālāb	تالاب
rio (m)	rudxāne	رودخانه

toca (f) do urso	lāne-ye xers	لانه خرس
ninho (m)	lāne	لانه
buraco (m) de árvore	surāx	سوراخ
toca (f)	lāne	لانه
formigueiro (m)	lāne-ye murče	لانه مورچه

Flora

186. Árvores

árvore (f)	deraxt	درخت
decídua	barg riz	برگ ریز
conífera	maxrutiyān	مخروطیان
perene	hamiše sabz	همیشه سبز
macieira (f)	deraxt-e sib	درخت سیب
pereira (f)	golābi	گلابی
cerejeira (f)	gilās	گیلاس
ginjeira (f)	ālbālu	آلبالو
ameixeira (f)	ālu	آلو
bétula (f)	tus	توس
carvalho (m)	balut	بلوط
tília (f)	zirfun	زیرفون
choupo-tremedor (m)	senowbar-e larzān	صنوبر لرزان
bordo (m)	afrā	افرا
espruce-europeu (m)	senowbar	صنوبر
pinheiro (m)	kāj	کاج
alerce, lariço (m)	senowbar-e ārāste	صنوبر آراسته
abeto (m)	šāh deraxt	شاه درخت
cedro (m)	sedr	سدر
choupo, álamo (m)	sepidār	سپیدار
tramazeira (f)	zabān gonješk-e kuhi	زبان گنجشک کوهی
salgueiro (m)	bid	بید
amieiro (m)	tuskā	توسکا
faia (f)	rāš	راش
ulmeiro (m)	nārvan-e qermez	نارون قرمز
freixo (m)	zabān-e gonješk	زبان گنجشک
castanheiro (m)	šāh balut	شاه بلوط
magnólia (f)	māgnoliyā	ماگنولیا
palmeira (f)	naxl	نخل
cipreste (m)	sarv	سرو
mangue (m)	karnā	کرنا
embondeiro, baobá (m)	bāobāb	بائوباب
eùcalipto (m)	okaliptus	اوکالیپتوس
sequoia (f)	sorx-e čub	سرخ چوب

187. Arbustos

arbusto (m)	bute	بوته
arbusto (m), moita (f)	bute zār	بوته زار

| videira (f) | angur | انگور |
| vinhedo (m) | tākestān | تاکستان |

framboeseira (f)	tamešk	تمشک
groselheira-preta (f)	angur-e farangi-ye siyāh	انگور فرنگی سیاه
groselheira-vermelha (f)	angur-e farangi-ye sorx	انگور فرنگی سرخ
groselheira (f) espinhosa	angur-e farangi	انگور فرنگی

acácia (f)	aqāqiyā	اقاقیا
bérberis (f)	zerešk	زرشک
jasmim (m)	yāsaman	یاسمن

junípero (m)	ardaj	اردج
roseira (f)	bute-ye gol-e mohammadi	بوتهٔ گل محمدی
roseira (f) brava	nastaran	نسترن

188. Cogumelos

cogumelo (m)	qārč	قارچ
cogumelo (m) comestível	qārč-e xorāki	قارچ خوراکی
cogumelo (m) venenoso	qārč-e sammi	قارچ سمی
chapéu (m)	kolāhak-e qārč	کلاهک قارچ
pé, caule (m)	pāye	پایه

boleto (m)	qārč-e sefid	قارچ سفید
boleto (m) alaranjado	samāruq	سماروغ
míscaro (m) das bétulas	qārč-e bulet	قارچ بولت
cantarela (f)	qārč-e zard	قارچ زرد
rússula (f)	qārč-e tiqe-ye tord	قارچ تیغه ترد

morchella (f)	qārč-e morkelā	قارچ مورکلا
agário-das-moscas (m)	qārč-e magas	قارچ مگس
cicuta (f) verde	kolāhak-e marg	کلاهک مرگ

189. Frutos. Bagas

| fruta (f) | mive | میوه |
| frutas (f pl) | mive jāt | میوه جات |

maçã (f)	sib	سیب
pera (f)	golābi	گلابی
ameixa (f)	ālu	آلو

morango (m)	tut-e farangi	توت فرنگی
ginja (f)	ālbālu	آلبالو
cereja (f)	gilās	گیلاس
uva (f)	angur	انگور

framboesa (f)	tamešk	تمشک
groselha (f) preta	angur-e farangi-ye siyāh	انگور فرنگی سیاه
groselha (f) vermelha	angur-e farangi-ye sorx	انگور فرنگی سرخ
groselha (f) espinhosa	angur-e farangi	انگور فرنگی

oxicoco (m)	nārdānak-e vahši	ناردانک وحشی
laranja (f)	porteqāl	پرتقال
tangerina (f)	nārengi	نارنگی
ananás (m)	ānānās	آناناس
banana (f)	mowz	موز
tâmara (f)	xormā	خرما

limão (m)	limu	لیمو
damasco (m)	zardālu	زردآلو
pêssego (m)	holu	هلو
kiwi (m)	kivi	کیوی
toranja (f)	gerip forut	گریپ فوروت

baga (f)	mive-ye butei	میوهٔ بوته ای
bagas (f pl)	mivehā-ye butei	میوه های بوته ای
arando (m) vermelho	tut-e farangi-ye jangali	توت فرنگی جنگلی
morango-silvestre (m)	zoqāl axte	زغال اخته
mirtilo (m)	zoqāl axte	زغال اخته

190. Flores. Plantas

| flor (f) | gol | گل |
| ramo (m) de flores | daste-ye gol | دسته گل |

rosa (f)	gol-e sorx	گل سرخ
tulipa (f)	lāle	لاله
cravo (m)	mixak	میخک
gladíolo (m)	susan-e sefid	سوسن سفید

centáurea (f)	gol-e gandom	گل گندم
campânula (f)	gol-e estekāni	گل استکانی
dente-de-leão (m)	gol-e qāsedak	گل قاصدک
camomila (f)	bābune	بابونه

aloé (m)	oloviye	آلوئه
cato (m)	kāktus	کاکتوس
fícus (m)	fikus	فیکوس

lírio (m)	susan	سوسن
gerânio (m)	gol-e šamʿdāni	گل شمعدانی
jacinto (m)	sonbol	سنبل

mimosa (f)	mimosā	میموسا
narciso (m)	narges	نرگس
capuchinha (f)	gol-e lādan	گل لادن

orquídea (f)	orkide	ارکیده
peónia (f)	gol-e ašrafi	گل اشرفی
violeta (f)	banafše	بنفشه

amor-perfeito (m)	banafše-ye farangi	بنفشه فرنگی
não-me-esqueças (m)	gol-e farāmuš-am makon	گل فراموشم مکن
margarida (f)	gol-e morvārid	گل مروارید
papoula (f)	xašxāš	خشخاش

cânhamo (m)	šāh dāne	شاه دانه
hortelã (f)	na'nā'	نعناع
lírio-do-vale (m)	muge	موگه
campânula-branca (f)	gol-e barfi	گل برفی
urtiga (f)	gazane	گزنه
azeda (f)	toršak	ترشک
nenúfar (m)	nilufar-e abi	نیلوفر آبی
feto (m), samambaia (f)	saraxs	سرخس
líquen (m)	golesang	گلسنگ
estufa (f)	golxāne	گلخانه
relvado (m)	čaman	چمن
canteiro (m) de flores	baqče-ye gol	باغچه گل
planta (f)	giyāh	گیاه
erva (f)	alaf	علف
folha (f) de erva	alaf	علف
folha (f)	barg	برگ
pétala (f)	golbarg	گلبرگ
talo (m)	sāqe	ساقه
tubérculo (m)	riše	ریشه
broto, rebento (m)	javāne	جوانه
espinho (m)	xār	خار
florescer (vi)	gol kardan	گل کردن
murchar (vi)	pažmorde šodan	پژمرده شدن
cheiro (m)	bu	بو
cortar (flores)	boridan	بریدن
colher (uma flor)	kandan	کندن

191. Cereais, grãos

grão (m)	dāne	دانه
cereais (plantas)	qallāt	غلات
espiga (f)	xuše	خوشه
trigo (m)	gandom	گندم
centeio (m)	čāvdār	چاودار
aveia (f)	jow-e sahrāyi	جو صحرایی
milho-miúdo (m)	arzan	ارزن
cevada (f)	jow	جو
milho (m)	zorrat	ذرت
arroz (m)	berenj	برنج
trigo-sarraceno (m)	gandom-e siyāh	گندم سیاه
ervilha (f)	noxod	نخود
feijão (m)	lubiyā qermez	لوبیا قرمز
soja (f)	sowyā	سویا
lentilha (f)	adas	عدس
fava (f)	lubiyā	لوبیا

GEOGRAFIA REGIONAL

Países. Nacionalidades

192. Política. Governo. Parte 1

política (f)	siyāsat	سیاست
político	siyāsi	سیاسی
político (m)	siyāsatmadār	سیاستمدار
estado (m)	dowlat	دولت
cidadão (m)	šahrvand	شهروند
cidadania (f)	šahrvandi	شهروندی
brasão (m) de armas	nešān melli	نشان ملی
hino (m) nacional	sorud-e melli	سرود ملی
governo (m)	hokumat	حکومت
Chefe (m) de Estado	rahbar-e dowlat	رهبر دولت
parlamento (m)	pārlemān	پارلمان
partido (m)	hezb	حزب
capitalismo (m)	sarmāye dāri	سرمایه داری
capitalista	kāpitālisti	کاپیتالیستی
socialismo (m)	sosiyālism	سوسیالیسم
socialista	sosiyālisti	سوسیالیستی
comunismo (m)	komonism	کمونیسم
comunista	komonisti	کمونیستی
comunista (m)	komonist	کمونیست
democracia (f)	demokrāsi	دموکراسی
democrata (m)	demokrāt	دموکرات
democrático	demokrātik	دموکراتیک
Partido (m) Democrático	hezb-e demokrāt	حزب دموکرات
liberal (m)	liberāl	لیبرال
liberal	liberāli	لیبرالی
conservador (m)	mohāfeze kār	محافظه کار
conservador	mohāfeze kāri	محافظه کاری
república (f)	jomhuri	جمهوری
republicano (m)	jomhuri xāh	جمهوری خواه
Partido (m) Republicano	hezb-e jomhurixāh	حزب جمهوری خواه
eleições (f pl)	entexābāt	انتخابات
eleger (vt)	entexāb kardan	انتخاب کردن

| eleitor (m) | entexāb konande | انتخاب کننده |
| campanha (f) eleitoral | kampeyn-e entexābāti | کمپین انتخاباتی |

votação (f)	axz-e ra'y	اخذ رأی
votar (vi)	ra'y dādan	رأی دادن
direito (m) de voto	haqq-e ra'y	حق رأی

candidato (m)	nāmzad	نامزد
candidatar-se (vi)	nāmzad šodan	نامزد شدن
campanha (f)	kampeyn	کمپین

| da oposição | moxālef | مخالف |
| oposição (f) | opozisyon | اپوزیسیون |

visita (f)	vizit	ویزیت
visita (f) oficial	vizit-e rasmi	ویزیت رسمی
internacional	beynolmelali	بین المللی

| negociações (f pl) | mozākerāt | مذاکرات |
| negociar (vi) | mozākere kardan | مذاکره کردن |

193. Política. Governo. Parte 2

sociedade (f)	jam'iyat	جمعیت
constituição (f)	qānun-e asāsi	قانون اساسی
poder (ir para o ~)	hākemiyat	حاکمیت
corrupção (f)	fesād	فساد

| lei (f) | qānun | قانون |
| legal | qānuni | قانونی |

| justiça (f) | edālat | عدالت |
| justo | ādel | عادل |

comité (m)	komite	کمیته
projeto-lei (m)	lāyehe-ye qānun	لایحهٔ قانون
orçamento (m)	budje	بودجه
política (f)	siyāsat	سیاست
reforma (f)	eslāhāt	اصلاحات
radical	efrāti	افراطی

força (f)	niru	نیرو
poderoso	moqtader	مقتدر
partidário (m)	tarafdār	طرفدار
influência (f)	ta'sir	تأثیر

regime (m)	nezām	نظام
conflito (m)	dargiri	درگیری
conspiração (f)	towtee	توطئه
provocação (f)	tahrik	تحریک

derrubar (vt)	sarnegun kardan	سرنگون کردن
derrube (m), queda (f)	sarneguni	سرنگونی
revolução (f)	enqelāb	انقلاب

| golpe (m) de Estado | kudetā | كودتا |
| golpe (m) militar | kudetā-ye nezāmi | كودتای نظامی |

crise (f)	bohrān	بحران
recessão (f) económica	rokud-e eqtesādi	ركود اقتصادی
manifestante (m)	tazāhorāt konande	تظاهرات كننده
manifestação (f)	tazāhorāt	تظاهرات
lei (f) marcial	hālat-e nezāmi	حالت نظامی
base (f) militar	pāygāh-e nezāmi	پایگاه نظامی

| estabilidade (f) | sobāt | ثبات |
| estável | bāsobāt | باثبات |

| exploração (f) | bahre bardār-i | بهره برداری |
| explorar (vt) | bahre bardār-i kardan | بهره برداری کردن |

racismo (m)	nežādparasti	نژادپرستی
racista (m)	nežādparast	نژادپرست
fascismo (m)	fāšizm	فاشیزم
fascista (m)	fāšist	فاشیست

194. Países. Diversos

estrangeiro (m)	xāreji	خارجی
estrangeiro	xāreji	خارجی
no estrangeiro	dar xārej	در خارج

emigrante (m)	mohājer	مهاجر
emigração (f)	mohājerat	مهاجرت
emigrar (vi)	mohājerat kardan	مهاجرت کردن

Ocidente (m)	qarb	غرب
Oriente (m)	xāvar	خاور
Extremo Oriente (m)	xāvar-e-dur	خاوردور

civilização (f)	tamaddon	تمدن
humanidade (f)	ensāniyat	انسانیت
mundo (m)	jahān	جهان
paz (f)	solh	صلح
mundial	jahāni	جهانی

pátria (f)	vatan	وطن
povo (m)	mellat	ملت
população (f)	mardom	مردم
gente (f)	afrād	افراد
nação (f)	mellat	ملت
geração (f)	nasl	نسل

território (m)	qalamrow	قلمرو
região (f)	mantaqe	منطقه
estado (m)	eyālat	ایالت

| tradição (f) | sonnat | سنت |
| costume (m) | ādat | عادت |

ecologia (f)	mohit-e zist	محيط زيست
índio (m)	hendi	هندى
cigano (m)	mard-e kowli	مرد كولى
cigana (f)	zan-e kowli	زن كولى
cigano	kowli	كولى
império (m)	emperāturi	امپراطورى
colónia (f)	mosta'mere	مستعمره
escravidão (f)	bardegi	بردگى
invasão (f)	tahājom	تهاجم
fome (f)	gorosnegi	گرسنگى

195. Grupos religiosos mais importantes. Confissões

religião (f)	din	دين
religioso	dini	دينى
crença (f)	e'teqād	اعتقاد
crer (vt)	e'teqād dāštan	اعتقاد داشتن
crente (m)	mo'men	مؤمن
ateísmo (m)	bi dini	بى دينى
ateu (m)	molhed	ملحد
cristianismo (m)	masihiyat	مسيحيت
cristão (m)	masihi	مسيحى
cristão	masihi	مسيحى
catolicismo (m)	mazhab-e kātolik	مذهب كاتوليک
católico (m)	kātolik	كاتوليک
católico	kātolik	كاتوليک
protestantismo (m)	āin-e porotestān	آئين پروتستان
Igreja (f) Protestante	kelisā-ye porotestān	كليساى پروتستان
protestante (m)	porotestān	پروتستان
ortodoxia (f)	mazhab-e ortodoks	مذهب ارتدوكس
Igreja (f) Ortodoxa	kelisā-ye ortodoks	كليساى ارتدوكس
ortodoxo (m)	ortodoks	ارتدوكس
presbiterianismo (m)	persbiterinism	پرسبيترينيسم
Igreja (f) Presbiteriana	kelisā-ye persbiteri	كليساى پرسبيترى
presbiteriano (m)	persbiteri	پرسبيترى
Igreja (f) Luterana	kelisā-ye lutrān	كليساى لوتران
luterano (m)	lutrān	لوتران
Igreja (f) Batista	kelisā-ye baptist	كليساى باپتيست
batista (m)	baptist	باپتيست
Igreja (f) Anglicana	kelisā-ye anglikān	كليساى انگليكان
anglicano (m)	anglikān	انگليكان
mormonismo (m)	ferqe-ye mormon	فرقه مورمون
mórmon (m)	mormon	مورمون

| Judaísmo (m) | yahudiyat | یهودیت |
| judeu (m) | yahudi | یهودی |

| budismo (m) | budism | بودیسم |
| budista (m) | budāyi | بودایی |

| hinduísmo (m) | hendi | هندی |
| hindu (m) | hendu | هندو |

Islão (m)	eslām	اسلام
muçulmano (m)	mosalmān	مسلمان
muçulmano	mosalmāni	مسلمانی

| Xiismo (m) | ši'e | شیعه |
| xiita (m) | ši'e | شیعه |

| sunismo (m) | senni | سنی |
| sunita (m) | senni | سنی |

196. Religiões. Padres

| padre (m) | kešiš | کشیش |
| Papa (m) | pāp | پاپ |

monge (m)	rāheb	راهب
freira (f)	rāhebe	راهبه
pastor (m)	pišvā-ye ruhān-i	پیشوای روحانی

abade (m)	rāheb-e bozorg	راهب بزرگ
vigário (m)	keš-yaš baxš	کشیش بخش
bispo (m)	osqof	اسقف
cardeal (m)	kārdināl	کاردینال

pregador (m)	vā'ez	واعظ
sermão (m)	mo'eze	موعظه
paroquianos (pl)	kešiš tabār	کشیش تبار

| crente (m) | mo'men | مؤمن |
| ateu (m) | molhed | ملحد |

197. Fé. Cristianismo. Islão

| Adão | ādam | آدم |
| Eva | havvā | حوا |

Deus (m)	xodā	خدا
Senhor (m)	xodā	خدا
Todo Poderoso (m)	xodā	خدا

pecado (m)	gonāh	گناه
pecar (vi)	gonāh kardan	گناه کردن
pecador (m)	gonāhkār	گناهکار

pecadora (f)	gonāhkār	گناهکار
inferno (m)	jahannam	جهنم
paraíso (m)	behešt	بهشت
Jesus	isā	عیسی
Jesus Cristo	isā masih	عیسی مسیح
Espírito (m) Santo	ruh olqodos	روح القدس
Salvador (m)	monji	منجی
Virgem Maria (f)	maryam bākere	مریم باکره
Diabo (m)	šeytān	شیطان
diabólico	šeytāni	شیطانی
Satanás (m)	šeytān	شیطان
satânico	šeytāni	شیطانی
anjo (m)	ferešte	فرشته
anjo (m) da guarda	ferešte-ye negahbān	فرشتۀ نگهبان
angélico	ferešte i	فرشته ای
apóstolo (m)	havāri	حواری
arcanjo (m)	ferešte-ye moqarrab	فرشتۀ مقرب
anticristo (m)	dajjāl	دجال
Igreja (f)	kelisā	کلیسا
Bíblia (f)	enjil	انجیل
bíblico	enjili	انجیلی
Velho Testamento (m)	ahd-e atiq	عهد عتیق
Novo Testamento (m)	ahd-e jadid	عهد جدید
Evangelho (m)	enjil	انجیل
Sagradas Escrituras (f pl)	ketāb-e moqaddas	کتاب مقدس
Céu (m)	behešt	بهشت
mandamento (m)	farmān	فرمان
profeta (m)	payāmbar	پیامبر
profecia (f)	payāmbari	پیامبری
Alá	allāh	الله
Maomé	mohammad	محمد
Corão, Alcorão (m)	qor'ān	قرآن
mesquita (f)	masjed	مسجد
mulá (m)	mala'	ملا
oração (f)	namāz	نماز
rezar, orar (vi)	do'ā kardan	دعا کردن
peregrinação (f)	ziyārat	زیارت
peregrino (m)	zāer	زائر
Meca (f)	makke	مکه
igreja (f)	kelisā	کلیسا
templo (m)	haram	حرم
catedral (f)	kelisā-ye jāme'	کلیسای جامع
gótico	gotik	گوتیک
sinagoga (f)	kenešt	کنشت

mesquita (f)	masjed	مسجد
capela (f)	kelisā-ye kučak	کلیسای کوچک
abadia (f)	sowme'e	صومعه
convento (m)	sowme'e	صومعه
mosteiro (m)	deyr	دیر
sino (m)	nāqus	ناقوس
campanário (m)	borj-e nāqus	برج ناقوس
repicar (vi)	sedā kardan	صدا کردن
cruz (f)	salib	صلیب
cúpula (f)	gonbad	گنبد
ícone (m)	šamāyel-e moqaddas	شمایل مقدس
alma (f)	jān	جان
destino (m)	sarnevešt	سرنوشت
mal (m)	badi	بدی
bem (m)	niki	نیکی
vampiro (m)	xun āšām	خون آشام
bruxa (f)	jādugar	جادوگر
demónio (m)	div	دیو
espírito (m)	ruh	روح
redenção (f)	talab-e afv	طلب عفو
redimir (vt)	talab-e afv kardan	طلب عفو کردن
missa (f)	ebādat	عبادت
celebrar a missa	ebādat kardan	عبادت کردن
confissão (f)	marāsem-e towbe	مراسم توبه
confessar-se (vr)	towbe kardan	توبه کردن
santo (m)	qeddis	قدیس
sagrado	moqaddas	مقدس
água (f) benta	āb-e moqaddas	آب مقدس
ritual (m)	marāsem	مراسم
ritual	āyini	آیینی
sacrifício (m)	qorbāni	قربانی
superstição (f)	xorāfe	خرافه
supersticioso	xorāfāti	خرافاتی
vida (f) depois da morte	zendegi pas az marg	زندگی پس ازمرگ
vida (f) eterna	zendegi-ye jāvid	زندگی جاوید

TEMAS DIVERSOS

198. Várias palavras úteis

ajuda (f)	komak	كمك
barreira (f)	hesār	حصار
base (f)	pāye	پايه
categoria (f)	tabaqe	طبقه
causa (f)	sabab	سبب

coincidência (f)	tatāboq	تطابق
coisa (f)	čiz	چيز
começo (m)	šoru'	شروع
cómodo (ex. poltrona ~a)	rāhat	راحت
comparação (f)	qiyās	قياس

compensação (f)	jobrān	جبران
crescimento (m)	rošd	رشد
desenvolvimento (m)	pišraft	پيشرفت
diferença (f)	farq	فرق
efeito (m)	asar	اثر

elemento (m)	onsor	عنصر
equilíbrio (m)	ta'ādol	تعادل
erro (m)	eštebāh	اشباه
esforço (m)	kušeš	كوشش
estilo (m)	sabok	سبك

exemplo (m)	mesāl	مثال
facto (m)	haqiqat	حقيقت
fim (m)	etmām	اتمام
forma (f)	šekl	شكل

frequente	mokarrar	مكرر
fundo (ex. ~ verde)	zamine	زمينه
género (tipo)	no'	نوع
grau (m)	daraje	درجه
ideal (m)	ide āl	ايده آل

labirinto (m)	hezār tuy	هزارتوى
modo (m)	tariq	طريق
momento (m)	lahze	لحظه
objeto (m)	mabhas	مبحث
obstáculo (m)	māne'	مانع

original (m)	asli	اصلى
padrão	estāndārd	استاندارد
padrão (m)	estāndārd	استاندارد
paragem (pausa)	tavaqqof	توقف
parte (f)	joz	جزء

partícula (f)	zarre	ذره
pausa (f)	maks	مکث
posição (f)	vaz'	وضع
princípio (m)	asl	اصل
problema (m)	moškel	مشکل
processo (m)	ravand	روند
progresso (m)	taraqqi	ترقی
propriedade (f)	xāsiyat	خاصیت
reação (f)	vākoneš	واکنش
risco (m)	risk	ریسک
ritmo (m)	sor'at	سرعت
segredo (m)	rāz	راز
série (f)	seri	سری
sistema (m)	sistem	سیستم
situação (f)	vaz'iyat	وضعیت
solução (f)	hal	حل
tabela (f)	jadval	جدول
termo (ex. ~ técnico)	estelāh	اصطلاح
tipo (m)	no'	نوع
urgente	fowri	فوری
urgentemente	foran	فوراً
utilidade (f)	fāyede	فایده
variante (f)	moteqayyer	متغیر
variedade (f)	entexāb	انتخاب
verdade (f)	haqiqat	حقیقت
vez (f)	nowbat	نوبت
zona (f)	mantaqe	منطقه

www.ingramcontent.com/pod-product-compliance
Lightning Source LLC
LaVergne TN
LVHW051343080426
835509LV00020BA/3277